玛雅：失落的文明

LES CITÉS PERDUES DES MAYAS

[法]克劳德·鲍德斯 [法]悉尼·毕加索 著
秉彝 译

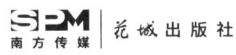

花城出版社

中国·广州

图书在版编目（CIP）数据

玛雅 : 失落的文明 /（法）克劳德•鲍德斯,（法）悉尼•毕加索著 ; 秉彝译. -- 广州 : 花城出版社, 2025. 4. --（纸上博物馆）. -- ISBN 978-7-5749-0484-2

I . K731.2-49

中国国家版本馆CIP数据核字第2024DM3817号

著作权合同登记号 图字：19-2024-328 号
For Les cités perdues des Mayas:
First published by Editions Gallimard, Paris
© Editions Gallimard, collection Découvertes 1987
本书中文简体版专有版权由中华版权服务有限公司授权给北京创美时代国际文化传播有限公司。

出 版 人：张　懿
项目统筹：刘玮婷　林园林
责任编辑：刘玮婷
特邀编辑：吴福顺
责任校对：张　旬
技术编辑：凌春梅　张　新
封面设计：墨　非
版式设计：万　雪

书　　名	玛雅：失落的文明
	MAYA: SHILUO DE WENMING
出版发行	花城出版社
	（广州市环市东路水荫路11号）
经　　销	全国新华书店
印　　刷	天津睿和印艺科技有限公司
	（天津市武清区大碱厂镇国泰道8号）
开　　本	710毫米×1000毫米　16开
印　　张	13.5　　1插页
字　　数	207,000 字
版　　次	2025 年 4 月第 1 版　2025 年 4 月第 1 次印刷
定　　价	78.00 元

如发现印装质量问题，请直接与印刷厂联系调换。
购书热线：020-37604658　37602954
花城出版社网站：http : //www.fcph.com.cn

玛雅文明的缩影
——坎佩切显要人物的雕塑

失落的城市，从人们的记忆中被抹去。几个世纪以来，它的名字一直被遗忘。辉煌过后，玛雅人的城市在9世纪经历了饥荒、战争、人口减少，然后被遗弃。于是森林生长：树根把石碑推倒在地；树枝撼动宫墙，刺穿庙宇的屋顶。将近10个世纪后，迷路的旅行者跌跌撞撞而来，仿佛置身梦中。他们问：是谁的手，建造了这些宏伟的石碑？探险家受命前往揭秘，艺术家、诗人、好奇的人紧跟其后。19世纪，冒险家们满怀热忱，全力以赴。后来，阿尔弗雷德·莫兹利出现了，帕伦克、科潘、奇琴伊察、基里瓜……他以非凡的精确度为这座废墟整理资料、摄影、绘图与写作。"在奇琴伊察，修女方院为我们提供了一个极好的住所。我们甚至能在那里过得颇为舒适……"

探险家阿尔弗雷德·莫兹利
在基里瓜、帕伦克和奇琴伊察。

"在基里瓜，我们从2月初开始工作，那时是旱季的开始。"

"用滑轮和临时搭建的吊架,我们可以抬起散落的部分,
以便把碑上的象形文字翻制成模型。"

"在一层、二层和顶层，四面墙上都有很大的窗洞或门洞。
最初，它们的顶部是木制的门楣。"

"到达遗址后，我们发现东西两边的庭院里，堆满了从周围建筑中掉落的砖石碎块。"

"这座建筑建在宫殿平台东侧的北面。
它由两条平行的走廊组成，中间由一堵主墙隔开。"

"正面中部门楣严重受损,然而,可以大体认出一条大蛇的身体和头部,从它的下巴上长出一个奇异的头。"

"要精确测量奇琴伊察的库库尔坎金字塔是极其困难的，因为到处都有大量的石头掉落。"

"尽管当时工作艰苦,工人时常制造问题,且热病缠身,但回忆起在奇琴伊察的时光,我仍然非常高兴。"

目录
Contents

第一章　不速之客　001

1502年，克里斯托弗·哥伦布在尤卡坦半岛遇到了玛雅人。军事和宗教征服持续了两个世纪。

第二章　踏足玛雅遗址　023

帕伦克宛如神话般的遗址吸引了18世纪和19世纪的欧洲艺术家和冒险家。

第三章　考古之旅　053

1841年，美国人斯蒂芬斯首次向公众展示了玛雅人严谨而有吸引力的知识体系。

第四章　照片里的遗迹　079

对于一代寻求科学客观性的探险家和考古学家来说，1839年发明的达盖尔银版摄影法是一种首选的方法。

第五章　破译上古密码　099

通过破译刻在石头上的符号，我们可以追溯玛雅文明的年代。

第六章　玛雅文明的真相　117

第二次世界大战后发现的博南帕克的壁画和帕伦克的皇家陵墓，描绘了暴力场景，粉碎了之前盛行的想象——玛雅是和平的文明。

资料与文献　133

CONQUISTADORES ET MISSIONNAIRES

第一章
不速之客

时间来到1502年,即玛雅纪年4阿豪卡盾的第二年。25个人挤在一艘由巨大的树干挖成的独木舟里。他们从西边来,向瓜纳哈岛进发。在那里,在洪都拉斯海湾的海面上,一场奇妙的相遇将要发生……

———

这幅18世纪晚期的画作(上页图)完美地反映了胜利者的愿景:西班牙人占据了这幅画的大半,而印第安人——他们看起来像是婴儿——则隐藏在阴影中。在这幅画的中心,威风凛凛、居高临下的胡安·德·格里哈尔瓦正为塔巴斯科的首长祝福,后者体弱多病,低眉顺从,是"善良的野人"的原型:赤脚、短裙,戴着竖起的羽毛头饰。上图,克里斯托弗·哥伦布在伊斯帕尼奥拉岛上,版画,1594年。

在小船上，玛雅商队首领坐在遮阳伞下；船从尤卡坦半岛出发，他要与沿岸和海岛上的当地人进行贸易。他的随从有成年男女，还有孩子。奴隶们脖子上套着绳索划桨，小舟划得很快。船舱底部堆满了一捆捆货物，里面装满了色彩鲜艳的棉布衣服、燧石刀和边缘镶嵌着锋利刀片的硬木剑，这些都是交易的货币。首领脚下是整船货物中的珍品：可可壳、小斧头和铜铃铛。

突然，其中一个男人发出一声惊叫。自从在这片水域航行以来，他从未看到过瓜纳哈岛前的三座礁石。不久之后，他的一个同伴喊得更大声了，他觉得自己看到了移动的暗礁。划船的人不约而同地被吓呆了，船桨在空中停住。他们略为担忧地面面相觑。首领一言不发，示意继续前进。小船越来越近了。这些"暗礁"就像一个一半浸没在海中的大碗，上面矗立着高高的、光秃秃的树干，树干上挂着由绳索编织的网。礁石上确实有人居住，这是肯定的：在黑暗的庞然大物之上，人影晃动。这是人……还是神？这些生物只让人看到它们的手和脸，脸上——这是在不久后才知道的——长满毛发，就像猴子的头。玛雅商队勇敢地向漂浮的山驶去。怪物们在高处比画手势，大声说话。这些暗礁会是那些生物建造的巨大独木舟吗？"怪物"邀请他们上船，还扔下绳梯。首领以身作则，走在前面。接着，双方交换礼物。大家很是惊讶，四处看，嗅来嗅去，好奇地抚摸彼此的衣服、身体、装饰品及其他物品。外来人当

克里斯托弗·哥伦布（1451—1506）一生都在寻找新世界。他梦想到达中国和日本。

然不会说当地的语言。他们用手势指着独木舟驶来的方向。接着印第安人说:"玛雅。"

这是尤卡坦半岛的玛雅人与克里斯托弗·哥伦布的船队之间的第一次接触,地点为瓜纳哈岛前的水域。这位伟大的西印度群岛探险家在这里——这片大陆后来被称为"美洲"——进行了他的第四次发现之旅。

我们爬上一棵大树,想看看那里有什么,我们看见了水里有一座房子,里面有白脸白手的人,胡须又长又密,衣服五颜六色:白、黄、红、绿、蓝、紫。他们头上还戴着圆形的帽子。

——两个阿兹特克探子给国王蒙特祖玛的报告

第一批西班牙人踏上了玛雅的土地……遭受了巨大的不幸

在那次短暂相遇的9年后,首批踏入"玛雅国"的不是征服者,而是牙买加附近一艘沉船的

第一章 不速之客

当弗朗西斯科·埃尔南德斯·德·科尔多瓦到达这里时,他遇到了一些印第安渔民,问这是什么地方,他们回答说:"卡托切(cotoch)。"意思是"我们的家园,我们的土地"。这个岬角的名字就是这样来的。后来,他用手势询问这个地区的情况,他们回答说:"丘坦(ci uthan)。"意思是"人家是这么说的"。于是,西班牙人称它为尤卡坦(Yucatán)……该地有许多美丽的建筑,这在印第安人的群岛中是相当了不起的。这些建筑物全部是用精心打磨的石头砌成的,而当地人没有金属工具……此地有大量的石头、石灰和白色的泥土,非常适合用于建筑。这些建筑是由印第安人建造的,因为这些雕像的腰带与当地人佩戴的一样,这在当地的语言中被称为"埃克斯"……

——迭戈·德·兰达,《尤卡坦风物志》

幸存者。他们在一艘没有帆和食物的独木舟上漂流了13天,半数人死于饥渴,最终在尤卡坦半岛面对着科苏梅尔岛的海滩上狼狈登陆。

他们一上岸,就受到一群印第安人的欢迎,印第安人感谢上天送来了祭拜的祭品——甚至不用主动寻找。是的,不是很丰腴的祭品,却是一个如此奇怪的物种……众神应该喜欢。一半的幸存者死于祭坛之上,胸膛被剖开,心脏被摘下。其他人被关在笼子里。囚犯们注定要在即将到来的节日上被献祭,印第安人以食物喂养他们,以恢复过去几周失去的体重。只有两个人活了下来:阿吉拉尔成了奴隶,酋长看他用心侍奉,饶恕了他;格雷罗未来则成了另外一个部落的武士长,结婚,建立家庭,并被完全同化。

从古巴和伊斯帕尼奥拉岛,西班牙人开始征服美洲大陆

在迅速灭绝或奴役古巴和伊斯帕尼奥拉岛(现今分属海地共和国和多米尼加共和国)人之后,欧洲人把这些岛屿当作坚实的桥头堡,从这些区域开始探险。1517年,埃尔南德斯·德·科尔多瓦的远征就是这样的一次突袭。科尔多瓦前去寻找奴隶——岛上的奴隶日益减少,而黄金谁也说不准有还是没有。他向西行驶,在一个岛上

西班牙人震惊于美洲印第安人以人类为祭品的景象。他们认为这是被魔鬼控制的有力证据。在征服美洲时期和之前的5个世纪里,这种仪式最常见的形式是摘除心脏。

第一章 不速之客

登陆，这个岛和科苏梅尔岛一样，离尤卡坦半岛东北海岸很近。

在那里，西班牙人惊奇地发现了新的文明。当地拥有硬墙建筑，与加勒比海地区的简陋小屋差异明显。他们还发现了一座神庙，里面供奉着许多女性雕像，因此他们称此地为"女人岛"。他

16世纪初，阿兹特克是中美洲的第一个强国。然而，他们的起源并不复杂，只是一个半游牧的狩猎部落。

们掠夺了一些金器，这将为今后的远征提供借口。然后，科尔多瓦起锚，沿着海岸线向北行驶，绕过半岛，直抵此行的终点——钱波通。上岸后，西班牙人遭到玛雅人的猛烈攻击。科尔多瓦想尽办法，让船上的火炮出动。在这场火的洗礼之后，玛雅人战胜恐惧，振作起来，给对手造成了重大损失。科尔多瓦本人在战斗中身受33处伤，不久后在古巴去世。

但这次探险回来后，整个古巴都在谈论从女人岛上掠夺的黄金。不幸的是，西班牙人后来才发现，尤卡坦半岛的土壤中没有一丝黄金。科尔多瓦掠走的各种金器实际上来自洪都拉斯或更南部的地区，玛雅人与这些地区进行贸易。但在当时，古巴总督迭戈·贝拉斯克斯听信了传言。他准备了4艘武装精良的船，招募了200名亲信，由他的外甥胡安·德·格里哈尔瓦担任指挥。

抵达科苏梅尔后，船队沿着海岸向南航行：起初，格里哈尔瓦认为尤卡坦是一个岛屿，他试图绕着它转一圈。远征队到达阿森松湾，然后折返，绕半岛一圈。到了钱波通，新的地点，新的战斗——西班牙人遭受了新的挫折。他们只得离开玛雅国家，沿着海岸继续出发，到达大约1200千米外的帕努科河。格里哈尔瓦制定了一条规矩：禁止一切掠夺行为，只有在迫不得已的情况下才开始战斗，多与当地人进行沟通谈判。

与不同部落的土著人交流有时充满矛盾

在这次旅行中，欧洲人第一次见识到了阿兹特克的财富和力量。经过5个月的巡航，船队返回古巴。他们越来越渴望征服玛雅国家，远征规模越来越大。1519年2月18日，埃尔南·科尔特斯率领11艘船、508人和16匹马起航。

在科苏梅尔，他得知在距此地6天路途的地方住着有胡子的人，便

与之前探索新大陆的掠夺者截然不同的是,埃尔南·科尔特斯认为自己被赋予了神圣的使命。他有伟大领袖的权威和说服力,有骁勇战士的胆识和狡猾,有大外交家的判断力和技巧。

贪婪的老古巴总督迭戈·贝拉斯克斯让科尔特斯指挥第三次前往墨西哥的远征,竟让这位前手下飞黄腾达。贝拉斯克斯之所以选择他,是因为看中了他的英勇大胆,以及他的忠诚。然而不久后,总督得知科尔特斯想要独立,便剥夺了他的指挥权。科尔特斯得知后,急忙上船起锚,并于当天起航。其后3个月里,他向贝拉斯克斯示威,围绕岛屿航行,雇用人手,收集给养,然后航行前往尤卡坦半岛。

派人传递信息,但等了6天仍没有得到回复,科尔特斯决定赶回港口,修理那条漏水的船。正在这时,阿吉拉尔跑了过来,喜极而泣,感谢上帝。他最关心的是今天是不是星期三——8年来,他一直按照基督教历法计算日子!至于另一名幸存者格雷罗,则拒绝放弃他的新家庭和收养他的部落。

在参加过前两次探险的引航员的带领下,这些船只向北航行,绕过半岛,离开玛雅国家,沿着塔巴斯科和韦拉克鲁斯海岸航行。科尔特斯很快就下船了,他决定烧毁船只,背水一战,不给犹豫不决的人留退路。他只用了1年的时间就征服了阿兹特克帝国。然而,西班牙人却花了20

年的时间才征服了尤卡坦半岛。他们一小股人从一个部落转移到另一个部落,要求当地人宣誓效忠西班牙王室,同时经常遭受暗箭袭击。但他们利用敌对部落之间的仇恨,挑拨离间,达成了目的。

传教士们专注于研究玛雅习俗和宗教

1546 年,西班牙人接受了图图尔修的臣服,并使他皈依。图图尔修是尤卡坦半岛北部最有权势的马尼省最位高权重的首领。半岛西部的酋长群起效尤。剩下的就是安抚东部的叛军省份,这需要几个月的时间和

征服尤卡坦半岛的借口,与征服整个新大陆一样,都是传播基督教义。但穿黑袍者经常反抗穿战袍的战士,有时甚至成功了。许多基督教信徒,如巴托洛梅·德·拉斯·卡萨斯,抗议西班牙人对印第安人的奴役和虐待。

无数的战斗。

在征服和殖民时期，对玛雅人与其文明感兴趣的主要是西班牙的宗教人士。第一批方济各会教徒于1535年登陆。

为了使当地人快速获得所谓的真正信仰，他们必须消除任何可能使人们偏离通往上帝之路的邪念。于是，西班牙人打碎雕像，烧毁庙宇，处死参加本地宗教仪式和祭祀的人。宴会、唱歌或跳舞等娱乐活动，绘画、雕塑、观星、书写象形文字等艺术或知识活动，也受到怀疑。教会认为这些是恶魔唆使的，必须全面禁止，发起人或参与者会被无情迫害。

尤卡坦首任主教为迭戈·德·兰达（1524—1579），是早期为数不多的编年史家中的佼佼者。他的《尤卡坦风物志》是我们关于16世纪玛雅文明最完整的资料来源。尽管他是一位宗教人士，设立了宗教裁判所，极其强烈地谴责玛雅人的许多习俗，但他对玛雅的评价并不完全是负面的。兰达经常对那些表现出基督教美德——如勇气、意志力、节制和互助——的人，表达敬佩之情。他说，他们不是野蛮人，而是文明人，他们很好地管理自己的田地，植树造林，建造漂亮的有着稻草屋顶的房子，建设闪闪发光的白色城市。在这些城市的中心，有神庙和宽阔的庭院；周围是领主和祭司的府第，然后是显要人物的住宅，普通人则住在郊区。

迭戈·德·兰达是一位复杂的人物，他既是一位严谨的人类学家，又是一位狂热的宗教法庭审判者。没有人比他更热衷于研究玛雅人和他们的习俗。但在1562年，印第安人企图复兴他们的宗教时，他无情地镇压这股风潮，不惜追捕、折磨和烧死异教信众，是最冷酷无情的人。

第一章 不速之客

被破败城市的辉煌迷住,兰达神往不已

兰达看到的城市虽然破败不堪,但是更大、更美丽。他指出:"这个地方虽然很好,但现在已经不是繁荣时期的样子了,当时人们建造了这么多了不起的建筑。"在伊萨马尔,其中一座建筑吸引了他的关注,他在描述的同时,还附上了一幅附有注释的草图。在蒂霍(1542年梅里达城在此基础上建立),他绘制了建筑结构的总体平面图,让人联想到乌斯马尔遗址的"修女方院"。

除了这些建筑,他还欣赏了刻有浮雕的石碑,特别是被遗弃了120年的玛雅潘城中的石碑,以及奇琴伊察的重要纪念建筑,包括著名的殉礼井。兰达对这些废墟的数量感到惊讶,他感到好奇,并提出了各种假设:也许历代首领是想让他们的子民忙得不可开交,或者是以这种方式敬拜他们

他们用惯用的尖叫声迎接我们,用弹弓或手投掷石块,用箭和飞镖射击我们,打伤了我们许多人。我们很清楚敌人不敢在空旷的地方等待我们,虽然我们可以走另一条路,但我担心如果不给那些墨西哥人一个教训,他们会以为我们软弱可欺。

——埃尔南·科尔特斯
呈给查理五世的信

的神，也可能是城址经常迁移。

他最多只能确定，建材的丰富和优良使建设工作更加容易。他向印第安人询问在海滨城市吉扎兰看到的石碑，这些人仍然记得"他们的习俗是每20年立一块这样的石头，这是用来计算历法周期的数字"。而伊萨马尔那十几座杰出的建筑，究竟是何人所建，已经不为人知了。兰达非常明智地认为，这些建筑只能由玛雅人自己建造。"雕像刻画的是玛雅人，"他说，"因为这些雕塑描绘的是围着简单的缠腰布和各种装饰品的男人。"

兰达不知道的是，尤卡坦半岛北部的文物实际上只是冰山一角

在8世纪末的鼎盛时期，玛雅文明曾延伸到整个半岛，包括现在墨西哥的恰帕斯州、危地马拉的

这两页上方的图，虽然描绘的是征服阿兹特克的片段，但它们很可能同样适用于描述对玛雅国家的侵略。上页图展现了两支军队的冲突，也是两种文明的冲突：不同的服装、武器、战术。本页图中，土著脚夫们跟随着科尔特斯，他们来自被打败、被征服的部落。时至今日，整个中美洲的人仍在使用这种方式运送物品。

第一章 不速之客 **013**

在白人到来之前，美洲的原住民对马一无所知。因此，在最初的战斗中，当看到武装骑兵冲锋时，他们以为那些人和坐骑是一种连为一体的生物——一种可怕的人头马。谈起它时，人们往往拿它同他们了解的最大的四足动物相比，对于高地的阿兹特克人来说，这是鹿。对低地的玛雅人来说，这是貘。

佩滕省、洪都拉斯西部和萨尔瓦多北部地区。

在9世纪古典文明崩溃后，大部分玛雅国家迁回热带雨林，仅在局部地区有人迁入。几个世纪以来，玛雅城市的废墟隐藏在森林中，一直没有被发觉。到18世纪末，才真正有人发现此地；直到20世纪末，发掘工作才结束。因为在勘探废墟之前，人们必须探索这个国家。这样的调查工作往往需要耗费几个世纪，首先是因为森林中的道路充满危险，人们只能痛苦而又缓慢地行进；其次，恰帕斯、伯利兹和佩滕的低地对侵略者和殖民者缺乏吸引力——没有矿产，没有或很少有可剥削的劳动力，环境恶劣。只有传教士才敢于冒险进入这个"绿色地狱"，寻找待拯救的灵魂。

然而在1525年，科尔特斯再次穿越了玛雅国家的南部。当时，关于他的手下在洪都拉斯的不端行为的谣言流传开来。这位伟大的征服者从塔巴斯科一路走到洪都拉斯地区，决定亲自看看到底发生了什么。他召集了140名西班牙士兵、3000名印第安人武士和挑夫，带着150匹马、一群猪，以及枪支弹药与食物。这次旅行持续了很长时间，有将近6个月。首先，面对塔巴斯科的沼泽地，他们往往只能修路铺桥才能通过。然后走进森林，在那里他们很容易迷路。最后，他们翻越高山，许多人和马在悬崖上坠落。他们不得不向当地人求助，以获得补给，指引道路。然而，这些村庄大多空无一人，有的甚至被烧毁。由于害怕白人，印第安人逃离了，科尔特斯费尽周折，表示他的好意，才把他们找回来。

1519年后，科尔特斯的生活与征服墨西哥的历史密不可分。1519年4月21日，他在森波阿拉海滩登陆，在到达墨西哥高原之前，接待了阿兹特克国王蒙特祖玛的使节，与特拉斯卡拉城邦结盟，屠杀了邻近的乔卢拉的居民。1519年11月8日，他进入特诺奇蒂特兰城。这座城市于1521年8月13日陷落，变成了一堆废墟，遍地尸体。特诺奇蒂特兰的陷落敲响了墨西哥的丧钟：1523年，该国南部和西部完全被西班牙人征服。

作为方济各会狂热的牺牲品，塔亚萨尔的马雕像被砸成碎片……

旅程中最值得注意的一站是塔亚萨尔镇，它位于佩滕伊察湖最大的岛屿上，是该地区最强大的玛雅部落伊察人的首府。酋长加内克对科尔特斯印象深刻，他盛气凌人地举行弥撒，"在长号和双簧管的伴奏下演唱"，加内克宣布愿意打破信仰的神像，并要求给他留一个十字架。科尔特斯同意了请求，还把一匹受伤

第一章 不速之客 015

的马托付给酋长："上帝答应照顾它，而我不知道您会对它做什么。"一个世纪后，我们才知道科尔特斯那匹马的命运。1618年，方济各会的乌尔维塔和富恩萨利达在塔亚萨尔传道时，发现了马的雕像。有人告诉他们，科尔特斯离开后，印第安人像对待重要人物一样，以肉和花款待它……但有人怀疑，这匹马并没有康复。这座巨大的雕像呈现为坐姿，完全一副人类的姿态。

印第安人对它极为尊敬，称之为齐明·查克，"齐明"意思是貘，是他们心中最接近马的动物，"查克"则是雨雷之神。看到这个雕像，乌尔维塔不由得"圣火"中烧，拿起一块大石头，爬上雕像，把它砸成碎片。成群结队的信徒高声喊叫，乌尔维塔神父受到威胁，眼看就要被处死。富恩萨利达神父及时开始大声传道，这才转危为安。

善良的神父们不甘失败，第二年重又回到塔亚萨尔；奇琴伊察的祭司感到自己的权力受到威胁，又一次将他们拒之门外。

弗朗西斯科·埃尔南德斯……命令船上的火炮开火。尽管枪声、烟雾和火焰对印第安人来说很陌生，他们还是大喊大叫地投入战斗。西班牙人进行抵抗，造成了极大的伤亡，许多人因此丧生。但是当地的首领给他的手下注入了如此大的勇气，以至于西班牙人被迫撤退。
——迭戈·德·兰达，
《尤卡坦风物志》

1622年，德尔加多神父与80名皈依的印第安人一起抵达塔亚萨尔。他们受到热烈的欢迎……并立即被当作祭神的人牲

尤卡坦省总督违背王室的指示，批准米罗内斯上尉率领远征队对抗伊察人。他在梅里达和塔亚萨尔之间的一个村庄定居下来，并招募士兵。

左图是在塔巴斯科早期的一次战斗中的西班牙士兵,这是一幅铜版画的一小部分,作者是A.索利斯。

但他们对当地人多加虐待,这导致了他们的惨败。有一天,在弥撒期间,印第安人冲进教堂,挖出所有西班牙人的心,放火烧毁村庄,然后消失在深山老林中。

这些挫折使远征事业停滞了70年之久。1692年,尤卡坦省新任总督马丁·德·乌苏亚明白,伊察人的力量在于他们的孤立,要使印第安人接受理性和信仰,就必须打破他们的这种状态。因此,他修建了一条从卡乌切(亦称坎佩切)到佩滕伊察湖的公路。阿文达尼奥神父在未完工前就借道通过,剩下的路他只能穿过森林才走完,并于1696年1月到达了湖边。酋长加内克和他的臣下再次被要求效忠西班牙国王并皈依基督教。

这张 1563 年的地图上西下东。它表明，到 1563 年为止，人们对美洲海岸的探索已经取得了相当大的进展，但对内陆仍知之甚少。大安的列斯群岛是最早发现的土地，图中详细介绍了它。虽然海岸线的分布基本准确，但对墨西哥和中美洲的总体形状的描绘仍有许多不足之处。

经过深思熟虑，玛雅人给出了答案：根据他们的预言，现在还不是抛弃自己的神的时候。"4个月后再来，我们拭目以待……"在回去的路上，阿文达尼奥神父和同伴们试图找到新开辟的道路，但是却迷路了，在森林里游荡了几个星期，饥饿和疲劳使他们奄奄一息。此时，他们发现了一些破败的建筑。

尽管身体虚弱，神父还是爬上金字塔，看到一些"像修道院一样的住所，有小回廊和可供居住的房间，所有的房间都有屋顶，周围有露台，并用石灰粉刷成白色"。他描述的可能是蒂卡尔的废墟。

同年，一支小型远征队沿着乌苏马辛塔河航行，发现了一座大型城市的废墟，后来被称为亚斯奇兰。

在短时间内，一小撮西班牙人征服了美洲各民族，其速度令人困惑：阿兹特克的力量在两年内被消灭；危地马拉的许多王国在15个月内被科尔特斯的副官佩德罗·德·阿尔瓦拉多逐个击破。然而，有的地区如佩滕，直到17世纪末才被征服。其他国家，在第一次被征服平定之后，又奋起反抗，如尤卡坦或新加利西亚，即现在的哈利斯科州，位于墨西哥城以西1000千米处。1541年，正是在那里，阿尔瓦拉多在赶来营救的途中，被当地人所杀。印第安人躲在山顶上，拿起石块如冰雹一般向西班牙步兵和骑兵扔去。

第一章　不速之客

为了摧毁奇琴伊察的抵抗，乌苏亚总督决定使用最严厉的手段

1696年1月，两支军事特遣小分队被派往湖边，在印第安人敌对行动下，节节撤退。现在看来很明显，只有部署大军才能迫使伊察人乖乖就范。一年多来，西班牙人一直在准备最后的进攻。木匠们也加入了这支部队，他们建造了双桅战船和独木舟，把士兵们运到岛上。1697年3月13日清晨，奇琴伊察被攻占。居民们听到爆炸声，惊慌失措，成群结队地跳入湖中，试图游过去。接下来一天的时间里：白天，西班牙人在这座荒芜城市中打碎神像；晚上，乌苏亚决定将要在大神庙的废墟上再建一座教堂。在克里斯托弗·哥伦布发现这片大陆两个世纪后，玛雅人已经彻底被征服。

这场漫长而艰难的征战并没有给西班牙人留下太多的闲暇寻找遗迹并对它们的历史产生兴趣。科尔特斯经过了重要的废墟，没有多加留意。对于阿文达尼奥神父和亚斯奇兰的发现者来说，这些遭遇是偶然的，没有产生任何影响。那个时代的废墟发现者的故事在很长一段时间里都被束之高阁，几百年后才被挖掘出来。1576年，危地马拉最高法院法官迭戈·德·帕拉西奥曾经写过一篇呈给西班牙国王关于科潘（洪都拉斯）的遗址的报告也是如此。尽管文笔华丽动人，但它提到的废墟仍然隐藏了两个半世纪。

在西班牙征服期间，玛雅人生活在尤卡坦半岛和危地马拉太平洋海岸之间，从塔巴斯科海岸平原到洪都拉斯和萨尔瓦多与危地马拉接壤的地区。从公元4世纪到10世纪，古典文明在中部低地蓬勃发展，然后蔓延到尤卡坦半岛。后古典文明主要存在于这个半岛的北部。

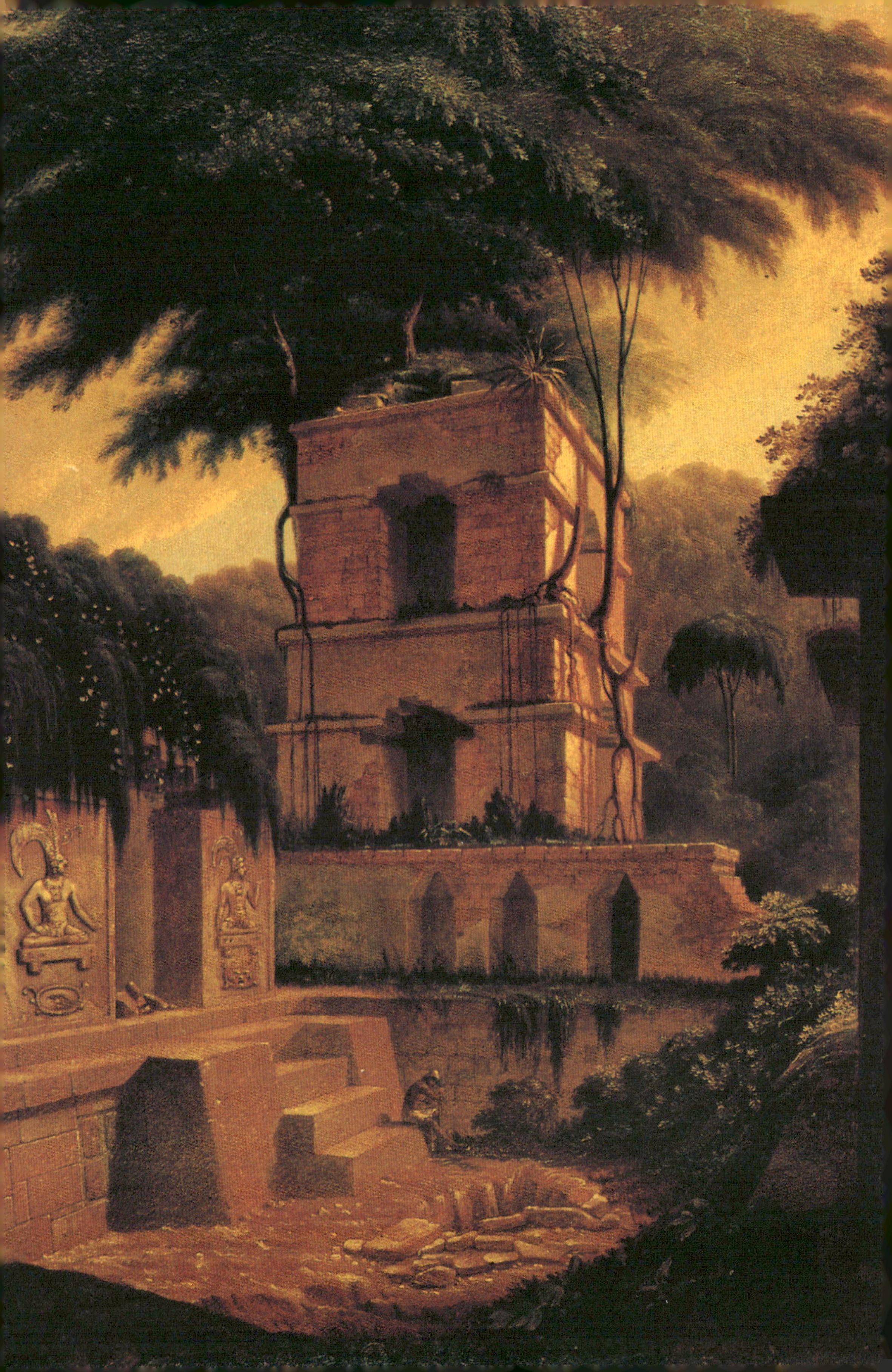

ARTISTES ET AVENTURIERS

第二章
踏足玛雅遗址

1735年，索利斯神父带着兄弟、嫂嫂、弟媳和一大群侄儿侄女来到圣多明各·德·帕伦克，寻找耕种的土地。然而一家人在森林里迷了路……他们偶遇了已经荒废很久的"石屋"。他们踏进了石屋，成为首批进入最神秘的玛雅遗址的人。

在这幅《帕伦克宫庭院美景图》（上页图）的前景中，瓦尔德克描绘了"野蛮挖掘"的结果——一个大坑。根据他的说法，树木攀附在塔楼上，风吹时发出"可怕的声音"，使人们纷纷猜测宫殿闹鬼。上图为瓦尔德克制作的浅浮雕，描述了帕伦克国王的加冕场景。

索利斯神父被主教派往帕伦克，在恰帕斯的农村地区，人们只知道土坯房和茅草屋，只有几座教堂是用石材建造的。我们可以想象，神父的家人看到这些石砌房屋时的惊讶。后来的参观者也都能感受到这种惊奇。

帕伦克在玛雅遗址探索史上占有特殊的地位：它们中的大多数是在20世纪才被"发现"的，哪怕过去很久之前便有传教士、军人或官员踏足于此，某些档案记载了通往那些遗址的道路，而他们走后，遗址就被完全遗忘了。但帕伦克是个例外：索利斯神父发现的遗址，交通方便，而且保存完好（大多数建筑都有屋顶），一经发现，就源源不断地吸引了猎奇的人、冒险家、科学家和游客前来参观。

上图这幅临摹于18世纪的帕伦克太阳神庙石匾素描，原图是目前已知最古老的图画之一。

将下图与最新制作的复原图（下页上图）相比较会发现，后者忠实地再现了石匾上的原始图案，但前者的绘制者似乎难以辨认这些图案：盾牌和两把长矛尚可识别，但下面的美洲豹头却完全被误解了。

帕伦克遗址被发现的消息，拉蒙·奥多内茨可能是在学校听到的，或者是从索利斯的侄子那里听到的

1773年，拉蒙·奥多内茨已经成年，并在成为一名神职人员时，向危地马拉总督何塞·埃斯塔切里亚报告了废墟的存在。但直到1784年，总督才派遣地方官员何塞·安东尼奥·卡尔德龙前往该地，卡尔德龙撰写了一份非常严谨的报告，列出了220多座建筑，包括18座宫殿、22座大型建筑和168座房屋等。然而他观察

继续比较这两幅画，我们会注意到，右图中支撑主要人物的跪着的小神，在上页下图中已经完全改变了模样。同时，上页下图中的主要人物还留着奇怪的中国清朝式样的辫子。

下图中这些十字架神庙和太阳神庙的素描，出色地描绘了建筑物的平面图和拱顶剖面，但欧洲建筑中看不到的"脊"却没有画出来。

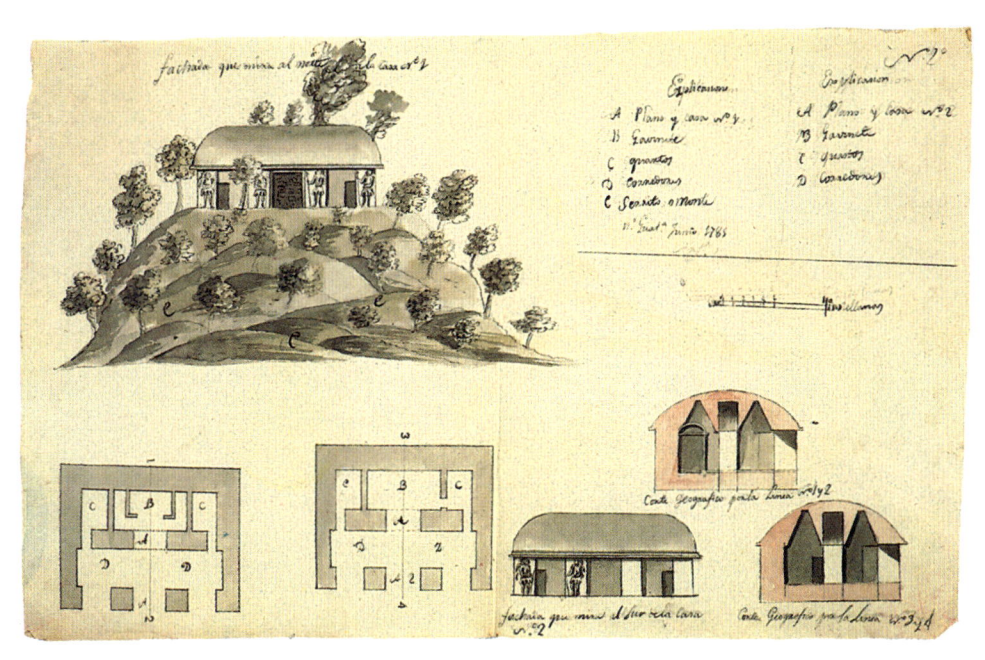

第二章 踏足玛雅遗址 025

玛雅：失落的文明

卢西亚诺·卡斯塔涅达所看到的帕伦克宫是一个建筑群，长100米，宽80米，经过了近120年的建造才得以完成。第一批建筑建于7世纪，内有3个庭院。后来在外围增建了长长的拱形建筑，楼内有两个门廊，中间隔着一堵墙，一道门通向外面，另一道通向其中一个院子。

并提出了一个奇怪的也是完全错误的主张：所有这些建筑沿街道布局。

1785 年，总督派建筑师安东尼奥·贝尔纳斯科尼前往帕伦克遗址。他起草了一份报告，包括一张平面图和对遗址面积的估算，指出遗址圆周周长以"卡斯蒂利亚的度量衡计算，为 6 里格 1000 瓦拉①"。他还附上建筑图纸，包括立视图和拱顶剖面图。最后，贝尔纳斯科尼得出结论：这座城市被摧毁的原因，既不是地震，也不是火山爆发，而仅仅是人口逐渐减少，最终沦落为空城。

西班牙国王想要遗址的样本。为了满足他的私欲，德尔·里奥对玛雅文物进行了有计划的洗劫

一份足够明确和详细的帕伦克档案，已经提交给西班牙国王查理三世，众所周知，他是这一领域的业余爱好者。事实上，他在统治西班牙之前是那不勒斯的国王，资助了初期的庞贝探险；

这幅画显示，两个俘虏围绕在国王身边，做着屈服的手势。然而，国王的服饰及持有的物品，全出自画家的想象。

---

① 里格（league），卡斯蒂利亚度量衡系统中陆地及海洋的测量单位。1 里格等于 3.18 海里，在陆地上常被认为约等于 3.4 英里到 3.7 英里，即约 5.47 千米到 5.95 千米。瓦拉（vara），一种在西班牙、葡萄牙和南美洲许多地区使用的长度单位，在不同地区具有不同的数值，通常在 32.9 英寸到 43.3 英寸（约 83 厘米到 110 厘米）之间。（本书注释均为译者注）

第二章　踏足玛雅遗址　029

王位上的雕塑描绘了帕伦克的帕卡尔国王从母亲手中接过王冠。出于某种原因，瓦尔德克认为主角是王后。后来王后被人（也许是布拉瑟尔神父）改称为"埃塞俄比亚女人"。

他还收藏了大量的古典时期的文物。在咨询了新大陆历史专家让-巴蒂斯特·穆尼奥斯的意见后，国王命令危地马拉总督继续进行发掘。建筑师贝尔纳斯科尼刚刚去世，安东尼奥·德尔·里奥上尉接手了他的工作。

1786年5月5日，他到达了一个被称为"卡萨斯·德·皮德拉"（Casas de Piedra，意即石头之屋）的地方，但森林太茂密了，他什么也看不见。在他的要求下，当局征用了79名印第安人，他们手持斧头，清理出遗址周围空地。

德尔·里奥严格遵照国王指示，测量尺寸，并进行记录，尽可能多地采集样本。他东敲下泥塑头像，西取下一块刻有文字的石匾。再往前走，他宁可让石宝座残缺不全，也要锯下雕花椅腿。他为了剥下最完整的字符，不惜损坏一块泥塑的铭文碑碣。他在宫殿和神庙里到处打洞，发现了许多陶制祭品和石制武器。这次掠夺的产物被送到马德里的皇家自然历史博物馆。

这些伟大的建筑是原住民独自完成的吗

直到1822年，德尔·里奥的报告才得以出版，不过是在伦敦以英文出版，还附有瓦尔德克画的插图。德尔·里奥就像那个时代的许多人一样，认为古典文明只存在于古希腊与古罗马。帕伦克的建筑引起了他的钦佩，他推断希腊人或罗马人参与了建造工作。"我不敢说，罗马征服者曾在这片土地登陆，可是这个文明古国的代表很可能到过此地。在他们逗留期间，当地人会接触到他们的艺术。"此外，德尔·里奥在他的报告中指出："尤卡坦和帕伦克的服装、建筑及对艺术的见解十分相似，表明两群古代居民为同一种族。"

20年后，西班牙新任君主查理四世委托吉耶尔莫·迪佩上尉前往帕伦克，在墨西哥全境勘测征服前的废墟。迪佩有个法国名字，却是一名奥地利人，在意大利受过良好的古典文化教育。他先是在西班牙军队服役，然后是墨西哥。在1805年至1807年间，他进行了三次考古探险。在第三次旅行中，他参观了托尼纳和帕伦克的玛雅遗址。墨西哥画家卢西亚诺·卡斯塔涅达与他一同前往。这位画家描摹遗址的版画非常具有

在他们的考古探索之旅中,迪佩和卡斯塔涅达一遇到美丽的景物,就立即停下来欣赏并描画,比如通往帕伦克的公路上的这座桥。

装饰性,符合当时人们的口味,但反而暴露了一些缺点:他描摹的浮雕和字符非常异想天开,显然他也不理解自己将要复制的图像。

然而,卡斯塔涅达的作品似乎比前辈们的作品要高明得多。迪佩是位敏锐的观察者。他注意到,所有的建筑都是用石头而不是砖建造的

废墟大多数时候看起来像是没有形状的山丘,迪佩和卡斯塔涅达试图用简化的草图,以表示原始建筑的结构。

(科马尔卡尔科是所有玛雅遗址的例外),门楣是木制的,浅浮雕使用两种灰泥铸模技术等。

直到墨西哥独立战争之后,迪佩的报告和卡斯塔涅达的绘画才得以问世。

第二章 踏足玛雅遗址 033

034 玛雅：失落的文明

图为帕伦克宫内一面泥塑浮雕的三幅临摹画。一位老师若发现两个学生的速写上有相同的错误，便知道学生有抄袭之嫌。上页图，瓦尔德克认为是德尔·里奥所作，本页右上角图片为卡斯塔涅达的一幅画作。比较两幅图，可以看出：蛇的头变成了花，女人的发饰改得稀奇古怪，斧刃变成了饰带……有人头的基座，更是完全出自杜撰。本页的左图是瓦尔德克的油画，亦很难摆脱前人的影子。

第二章 踏足玛雅遗址　035

在9世纪科潘被遗弃后,这条河(下页图)穿过城市的中心,露出了一个30多米高的切口,从这个切口上可以看到部分墙壁、灰泥地板和宽阔的隧道。加林多(左图)认为自己是在一堵开了窗孔的墙的面前;因此,这个地方被称为"拉斯本塔纳斯"(Las Ventanas,意为风口),在很长一段时间里,这个地方一直都叫这个名字。

1828年,法国人亨利·巴拉代尔才从墨西哥政府那里获得了这些文件。1830年,迪佩的游记在金斯博罗勋爵手中首次问世。1834年,两卷厚厚的《墨西哥古迹》在巴黎出版。在这本具有时代特色的出版物中,迪佩的游记是知识分子反省、思考的素材。例如,亚历山大·勒努瓦据《墨西哥古迹》写成《墨西哥古迹与埃及、印度和旧世界其他地区古迹的比较》,而夏尔·法尔西完成了《向欧洲历史会议提出的两个问题:讨论暨审定有关美洲历史文件的价值,探讨美洲不同部落的语言与非洲亚洲部落的语言之间的联系》。

有趣的是,学术界的宗师,看问题时总无法摆脱古典文化思想,而头脑简单、学问平常的普通人,论断却较为中肯。因此,迪佩认为美洲文明独树一帜,与亚非文明无关,可谓时代的先驱之一。

作为演员的儿子，胡安·加林多渴望冒险和异国情调，16 岁时离开祖国爱尔兰前往美洲

1827 年，加林多到了危地马拉，为中美洲联邦服务，该联邦此时无太大的影响力。此时，他被任命为上校，成为佩滕的军事长官。1831 年，他任职期间，对帕伦克进行考察。同年，他参观了亚克斯哈湖上的托波克斯特岛遗址；1834 年，他在科潘待了一个月。那里有至今屹立不倒的地上遗迹，他以速写的形式描绘了下来，还画了一份遗址图和区域图，

并进行墓穴的发掘工作。就像兰达近两个世纪前所想的那样,加林多观察到,废墟中泥塑或石雕人像的服饰,与当地人并无不同。

因此,他得出结论,古城的建造者与现代印第安人是同一种族。但是,他继续说,他们无疑早于阿兹特克人,因为如果阿兹特克人和玛雅人是同时代的,前者肯定会学习后者的象形文字,因为玛雅人的文字为美洲独有。当时,巴黎地理学会极富声望,世界各地的旅行者和探险家都给它寄送稿件,希望能在学会的学报上发表。加林多寄出了32篇文章,其中多数已经见报。他还编写了中美洲各国的报告,并绘制地图。他为中美洲所做的贡献足以使他获得银奖章……然而学会未能将奖章授予他——在他所属的联邦军队战败后,加林多试图趁双方酣战时,与两名龙骑兵和一名仆人一起逃跑。但是,当穿过一个村子时,他被认了出来,4人均被砍杀。那年,加林多38岁。

在玛雅发现史上,瓦尔德克是第一位伟大的艺术家,也是最后一位伟大的冒险家

让-弗雷德里克·马克西米利安·德·瓦尔德克相貌堂堂,体格健壮,给人留下了深刻的印象,他说话声音响亮而果断,他知道如何使声音听起来娓娓动听。他还是一个很会讲故事的人,

不管是在路途中,还是在经过的村庄里,加林多都喜欢画印第安人和混血儿,他们的服装在他看来很有特色。

在社交场合，总是设法引起几位女士的注意。他须发皆白，看起来有70岁，声称自己已经102岁。他是奥地利人，出生在维也纳，有传言说他生于布拉格。

他是一位才华横溢的艺术家，也从不缺少工作，在巴黎大卫的画室（要不就是在皮埃尔·普吕东的画室）学过绘画。可是他真有时间学习绘画吗？这个人生活经历的确悬疑多彩。

他调皮地向一个美人说，他曾经历过42次革命。1785年，他和旅行家勒瓦扬一起航行到好望角，探索非洲南部。他对军旅生活也不陌生。他曾作为志愿者参加意大利战役，并参与土伦战役。他是拿破仑的崇拜者，后来追随拿破仑征战埃及。即便在军中，他仍有很多逸事。据说，他擅长模仿拿破仑的笔迹（恶毒的人会说他伪造文书），而且此事已经传到了拿破仑的耳朵里。在一次会议上，他要求瓦尔德克写下名字，过后，这位模仿者翻开文件最上面的一张纸，只见上面写道："判处此人在万塞讷城堡监禁3个月。"有传言说，拿破仑怜悯他，只把他关了15天。

> 尤卡坦半岛内陆的旅行方式与东印度群岛的旅行方式相似。旅客们躺在有帷帐的床架里，由几个男人抬着……当你习惯了这种轿子，你就不喜欢骑马了，因为它能遮挡雨水和阳光，能让你轻松地阅读和睡觉。
>
> ——瓦尔德克，《尤卡坦省览胜记》

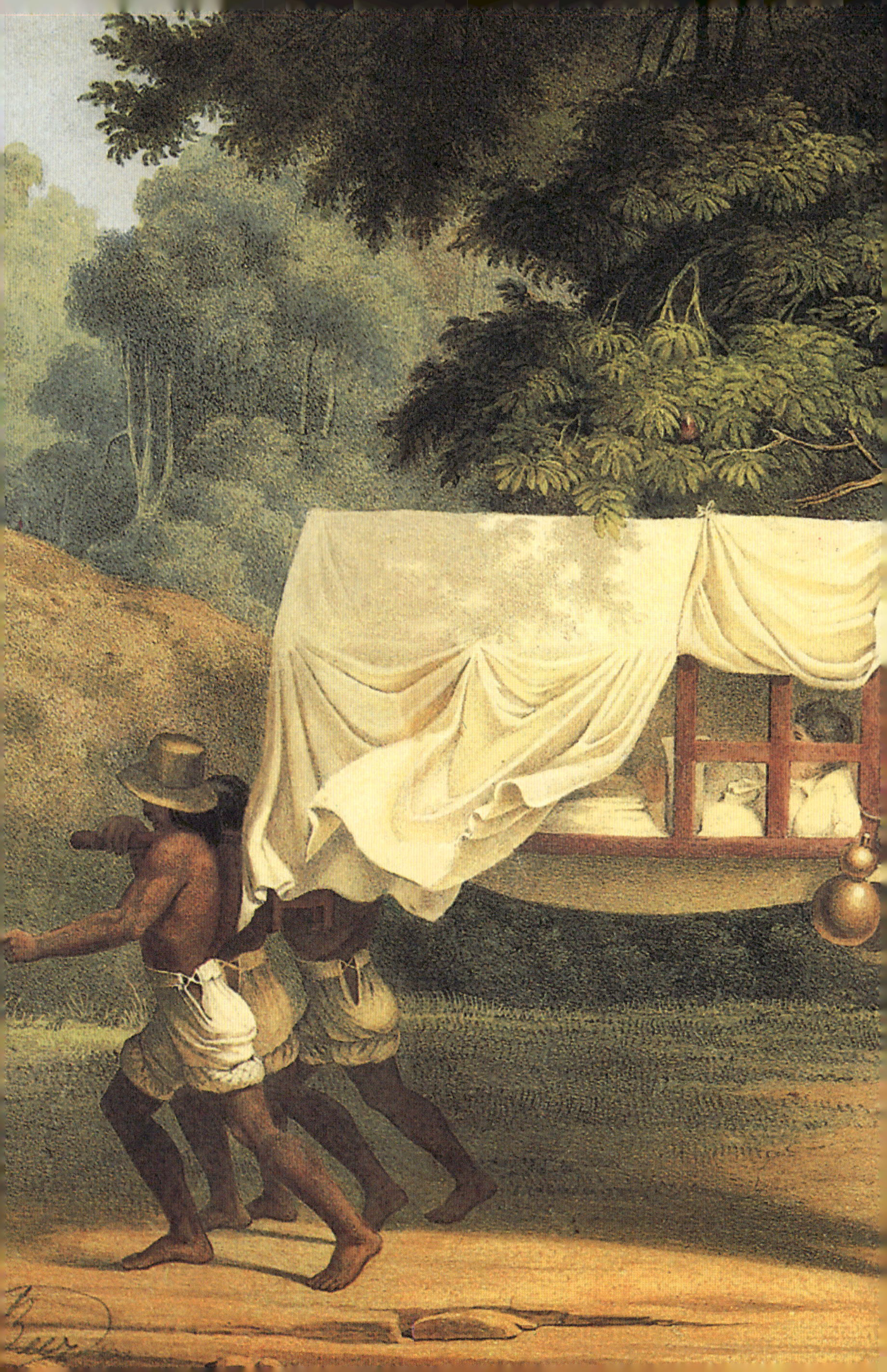

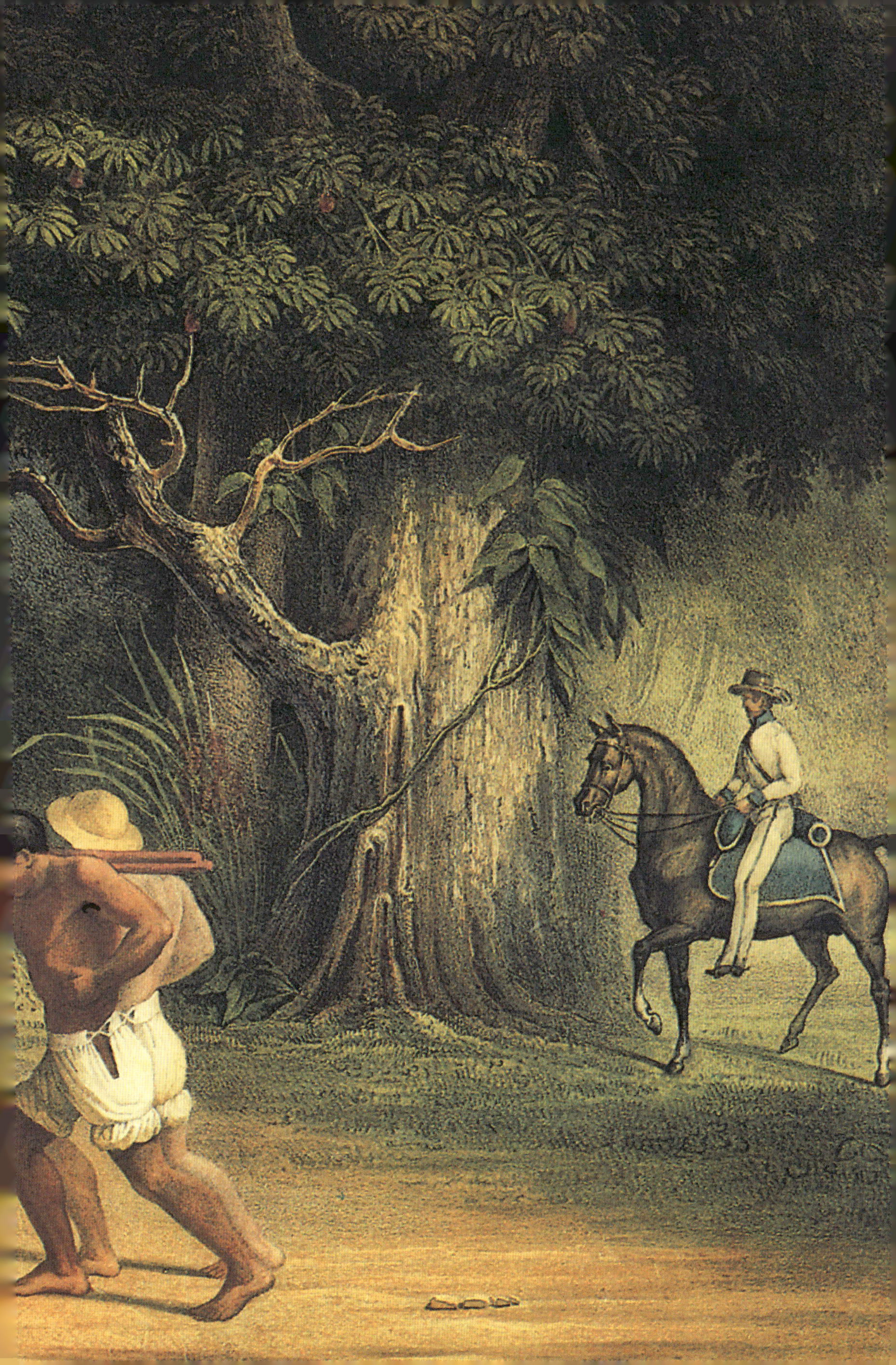

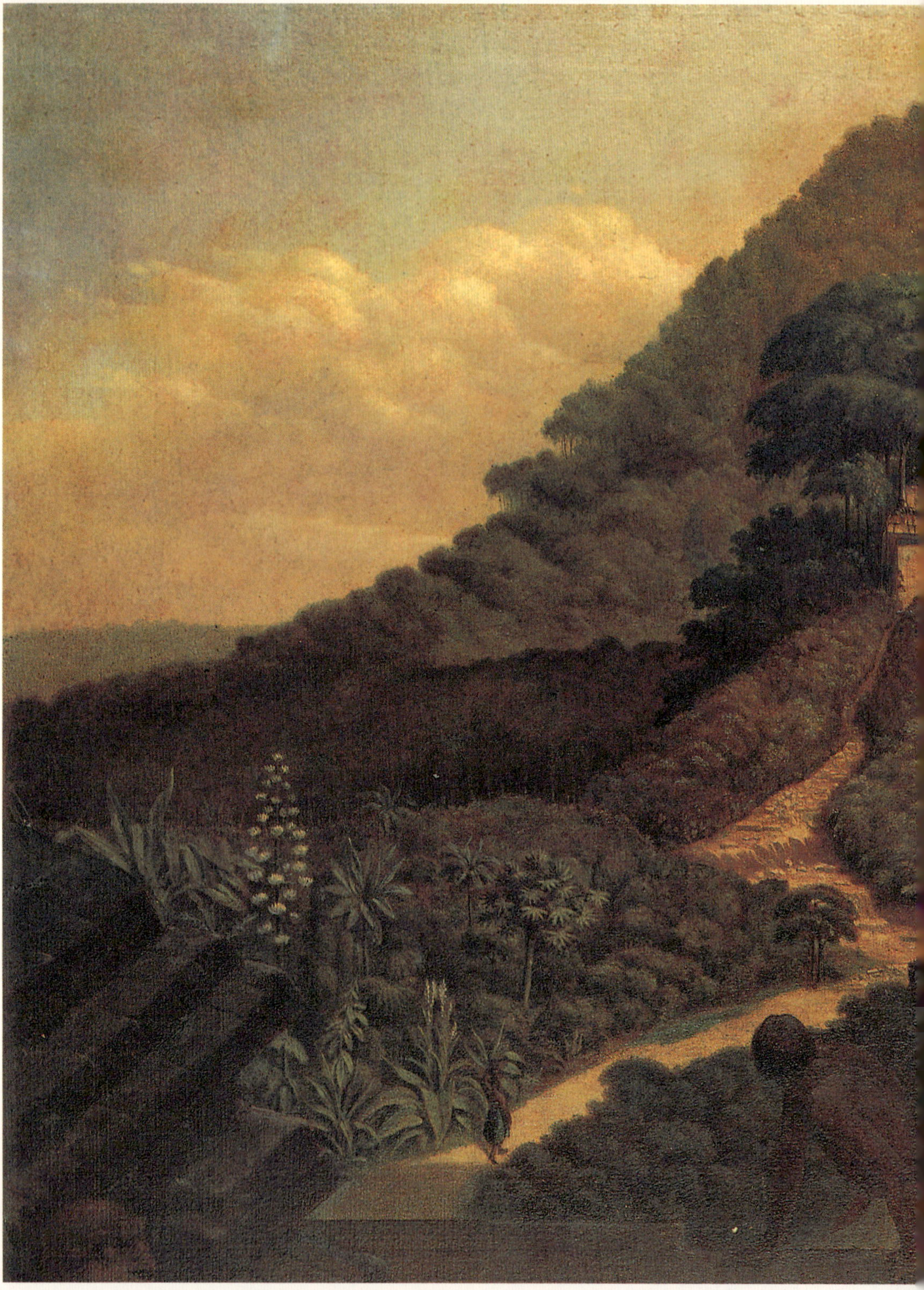

在瓦尔德克的画中，景观被精心修饰，背景中的山峰覆盖着葱郁茂盛的植被，看起来像是十字架神庙和金字塔状建筑的复制品。和帕伦克的大多数建筑一样，此庙屋脊呈倒"V"形，上部屋顶高耸，利于采光；还有多个孔眼，减轻屋顶重量与风的阻力。庙中的泥塑装饰已风蚀殆尽。画中可以看出，金字塔形的山脚下有瓦尔德克自建的小屋。主屋后面的一个个绿色斑点，用来表现菜园。他在1833年5月6日的日记中写道："我第三次尝试播种欧芹、洋葱、萝卜和卷心菜。这次我会成功吗？"蚂蚁和其他昆虫无情地咬噬蔬菜幼苗，使他放弃了依赖田地为生的梦想。

瓦尔德克总是对他研究的风景进行移植。仿佛玛雅人在几个世纪前设置的布景只有通过这些具有浪漫主义灵感的重塑才能被人领略,这幅《帕伦克宫门残迹美景图》正是如此。然而在《墨西哥的古迹》中,瓦尔德克在他画的前景中所描绘的人物或动物,全都不见了,无疑是被布拉瑟尔神父一一删除了。画中的前景是一位坐着的年轻妇女,她是拉坎顿部落的印第安人,这类人物经常在他的画中出现。瓦尔德克将他的仆人何塞和他的妻子安排在左边。画中的美洲豹唤起了热带森林和帕伦克周边地区的野性意味。

第二章 踏足玛雅遗址

还有一则精彩又悲惨的故事，要花几天的时间才讲得完：他如何为了躲避土耳其人，带着4个同伴逃离阿斯旺，穿越栋古拉沙漠，眼睁睁看着战友接连倒下，死于疲劳和疾病；经过4个月的艰难困苦，历经一切危险，他如何奄奄一息地到达葡萄牙的营地，在那里他获救了。

一天晚上，他被要求讲述另外一次冒险。在这次冒险中，他在"鬼魂号"海盗船上，与"爱国强盗"叙尔库夫一同在印度洋上漂流。有些人更喜欢听他讲述"我如何帮助智利独立"。瓦尔德克和科克拉内勋爵在冲突和伏击中经历过的生死时刻不下百次，令人听了不寒而栗。听到陪同两位伯爵的雇佣兵在智利的奇遇，人们又不禁大笑起来。

1819年，他在危地马拉；3年后，他又去了伦敦，根据危地马拉建筑师里卡多·阿尔门达里兹的素描创作了版画，作为德尔·里奥报告的插图。在给地理学会的一封信中，他总结了这一经历："德尔·里奥的著作十分不完整，之所以能在伦敦出版，是由于我的帮助：1822年，马克·夸伊医生给我带来此书，后来把它卖给了书商H.贝尔图，我受委托制作插图，你可以在大多数图版的下方看到，上面标有J.-F. W.，那些就是我的作

这些陶制哨子上的小人像，被瓦尔德克忠实地复制下来。除了明显的人物，如勇士和妇女的形象，还有许多混合形象，不知道是真实的还是幻想的，如男人身体上长着动物的头。他们可能是超自然的生物，也可能是参加祭典仪式的戴面具的人。此类塑像在帕伦克特别多，包括美洲豹头、鸟类和猴子的头像，还有许多不是人类或动物的鬼脸。

品，其中还有一幅署了我的全名。从我看到这本书的那一刻起，我便一直盼望目睹原作，并直接临摹。"

在一年多的时间里，年逾六旬的瓦尔德克住在一个小木屋里，描摹帕伦克的古迹

1825年，将近60岁的他再婚了，似乎想要"安定"下来，在墨西哥西部米却肯州的一家银矿公司担任工程师。但他发觉自己的生活很沉闷，未等合同期满，就搬到了墨西哥城。他对古迹的兴趣随之增长，他经常出门旅行，临摹遗址，这些画作于1827年出版，名为《墨西哥古迹集》。

他想实现他的旧梦：前去临摹帕伦克的遗迹。在墨西哥共和国副总统的支持下，他向社会发起一场资金筹集活动。但钱来得太慢了，一年后才收到原计划的三分之一，瓦尔

除了在墓穴和宗教场所的雕像，其他几乎都是不完整的。它们看起来像是被操纵的，而不是作为鲜活的、乔装打扮、戴着面具的祭司——代表来世的生灵（灵魂、祖先）——来主持仪式。他们能发出声音，无论是吹口哨还是拨浪鼓，都是为了引人注意。这个小型剧场重新激活了一个神话情境或事件，在这个情境或事件中，死者和灵魂通过他们的肖像进行交流。

第二章 踏足玛雅遗址 **047**

德克失去了耐心，于1832年5月抵达帕伦克。他在那里待了一年多，生活在十字架神庙旁的一间小屋里，生活条件恶劣。他绘制了建筑物、石雕和泥塑雕像的平面图和立体图，他还画了"风景画"，即废墟和森林景观，画面中还添加了几个虚构的人物，以增强画面的动感。他需要忍耐炎热、蚊子、潮湿、接连几天的大雨；除了帮助他清理遗址的少数混血儿，没有人可以倾诉……要克服这一切，这位60多岁的老人需要强壮的体魄和巨大的勇气，但最重要的是，要对工作有无穷无尽的热情。由于金斯博罗勋爵的慷慨解囊，他得以继续这项工作。除了帕伦克，他还参观了玛雅潘、托尼纳和乌斯马尔并作画。他的作品只出版了一部分。1866年，瓦尔德克的56幅石版画成为布拉瑟尔神父书中的插图，书名为《墨西哥的古迹：墨西哥古代文明中的帕伦克和其他遗迹》。

瓦尔德克是活跃于19世纪上半叶的人（1800年他34岁），与布拉瑟尔神父及其他人一样，他确信自己描绘的废墟所代表的伟大文明起源于旧大陆。因此，

据说是"阿兹特克人"的双胞胎于1853年在伦敦展出。瓦尔德克否认了这一说法，他比较了现代印第安人的头像侧写（上图）与浮雕中古代玛雅人的造型（左图），认为两者完全不同。我们的艺术家意欲说明阿兹特克人和玛雅人属于同一个"美洲种族"。

这幅画被专家称为帕伦克的"美浮雕",尽管它呈现出"瓦尔德克风格",宛若希腊、埃及和玛雅三种风格的结合,但不失为无价之宝。原件几乎完全被摧毁。国王坐在双头美洲豹御座上,与第 30 页椭圆形图中,帕卡尔国王所坐的宝座非常相似。在面板右边缘的一列符文上,你会注意到,到处都有不协调的元素(潘笛、楔形文字),这完全是瓦尔德克的想象造成的。

长期以来，人们一直怀疑瓦尔德克重塑了乌斯马尔占卜者神庙的外墙。你怎么能相信在这面外墙上会有一个希腊-埃及风格的裸体男人？事实上，同一地点的其他雕像显示，这是一个被绑着手腕的俘虏，为了割下他们的生殖器，而使他半裸着。

在下页描绘帕伦克的一座建筑的画中，充满了神秘色彩，前景是一条蛇和一只鬣蜥，它们正在进行搏斗。拱门的上方有锁孔形状的空间，是玛雅人为了减轻屋顶重量而创造的。在门的右边，你可以看到一面完整的泥塑图徽，而事实上当时只剩下框架了。瓦尔德克有意在这幅画上保留了旅行者的涂鸦和题词。右边是1832年吉尤参观遗址时的签名；左边是法国医生科鲁瓦写的长篇题词，以告知后人：他和妻子及两个孩子在一年内三度参观帕伦克。

他对玛雅艺术的观察，是为了寻找印第安人、希伯来人、希腊人或埃及人留下的痕迹。但这些痕迹并不存在，他当然找不到它们！或者，当他认为能找到时，又觉得不够充分。因此，瓦尔德克只能偷偷地对真实景物做一些"篡改"，使之与他的信念相符。其作品反映了作者的想象：诱人、浪漫，还有点神秘。

在墨西哥待了11年后，瓦尔德克回到巴黎，出版了他的《尤卡坦省览胜记》。这本书不仅描述了废墟，也谈到了尤卡坦半岛现在的居民。84岁时，他与17岁的英国女孩再婚，生了一个儿子，名为加斯顿。此后他住在蒙马特区烈士路的公寓里，过着朴素的生活，房间里都是他的纪念品和绘画。他写文章，作画，举办展览。他的去世也很"典型"，与他的传奇一生一致：据说，有一次，他转过身，看到一位美人，他摔倒了，便再也没有站起来。在此前不久，他刚刚庆祝了109岁生日。

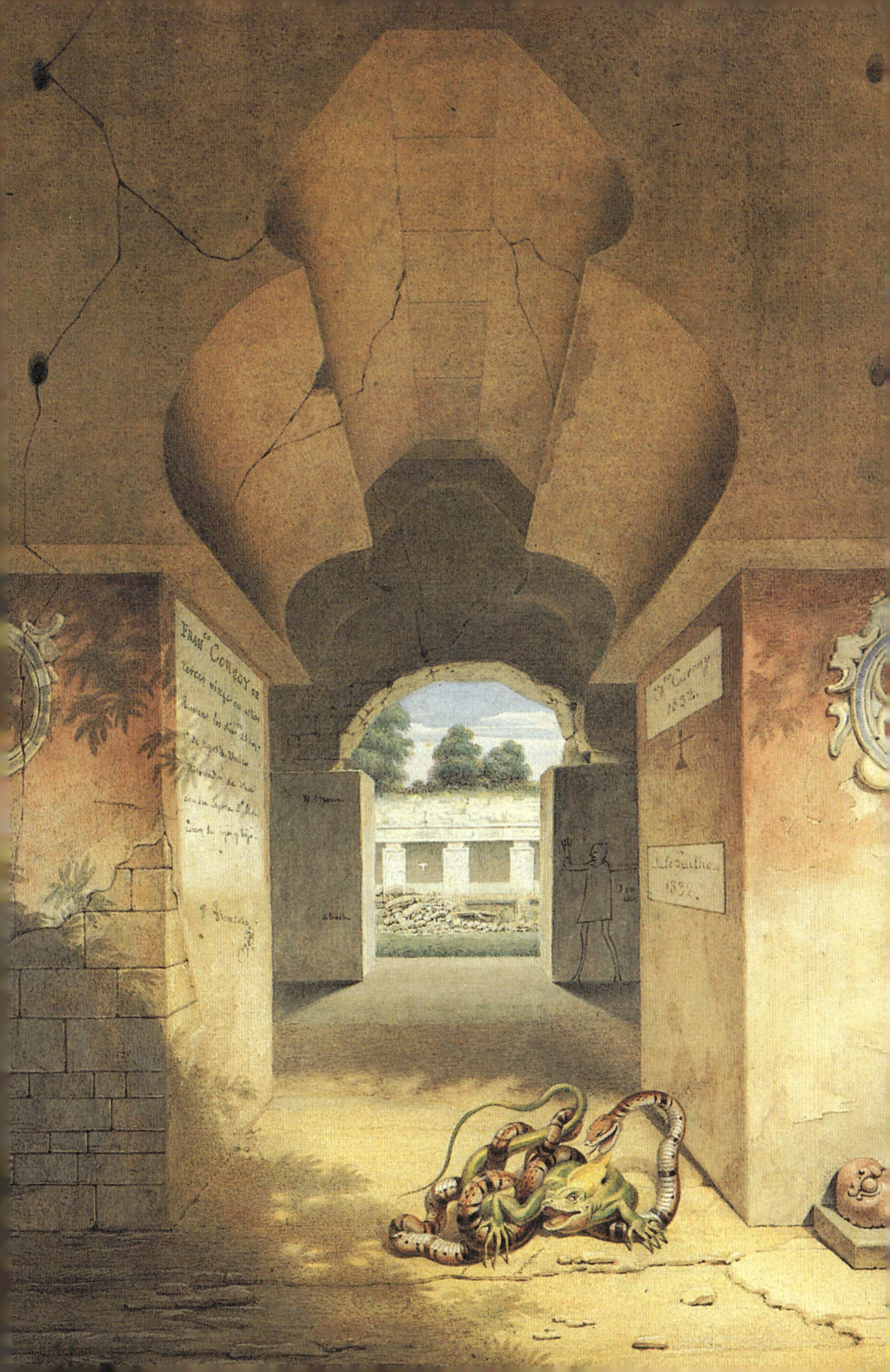
1832

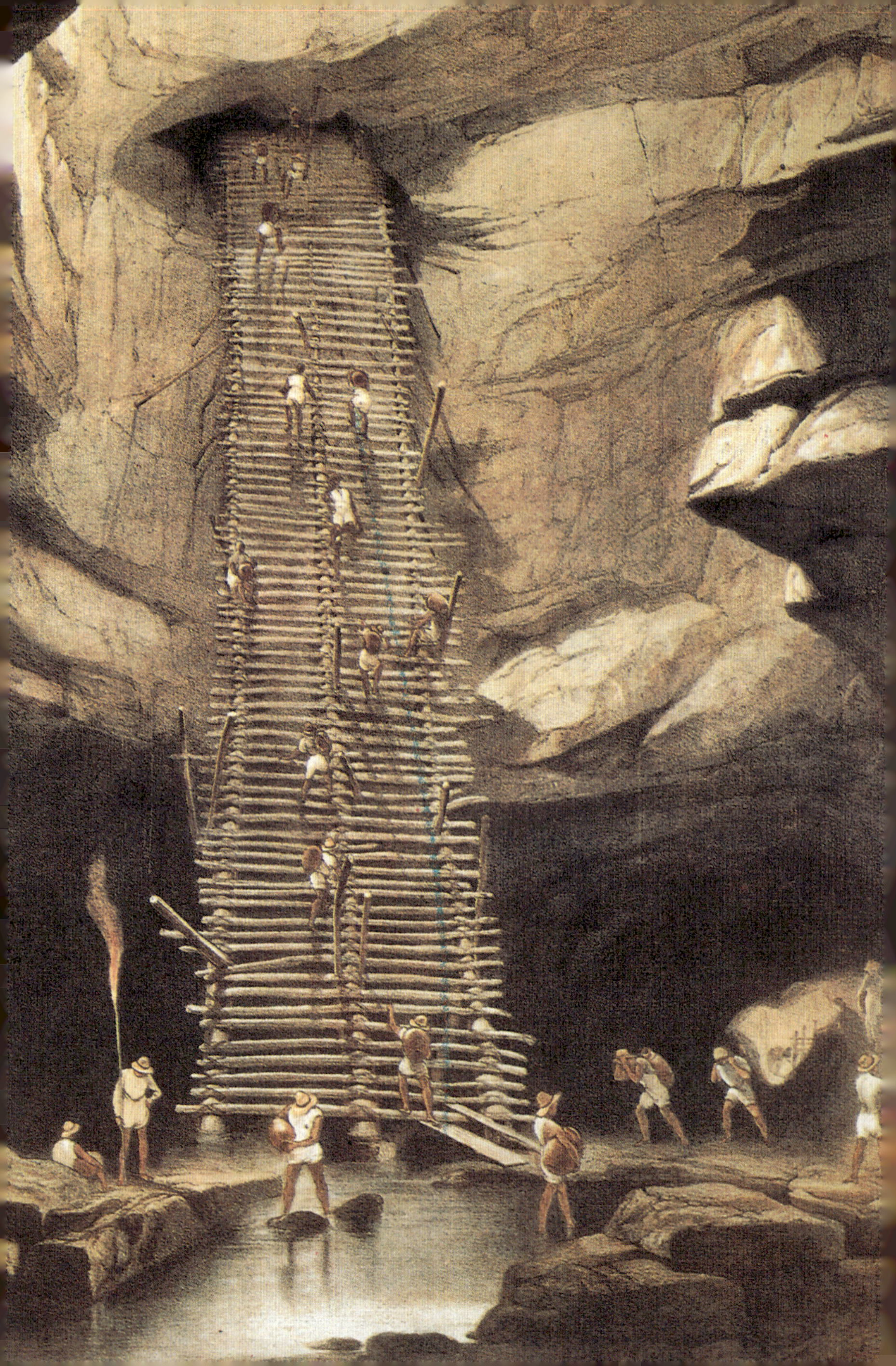

LE TEMPS DES SAVANTS

第三章
考古之旅

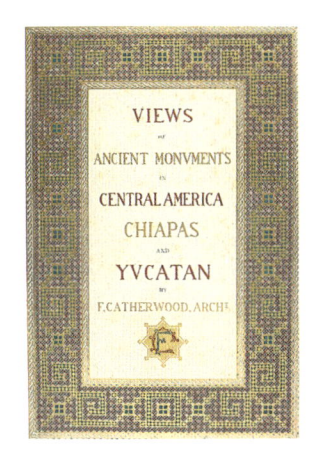

1805年，约翰·劳埃德·斯蒂芬斯出生在美国新英格兰一个富裕的家庭，他称得上是玛雅人的真正"发现者"。当然，他不是第一个寻访中美洲遗址的人，但是是第一个通过作品引导最广泛的公众了解中美洲遗址的人。最重要的是，在他之后，对玛雅文明抱有浪漫幻想的时代结束了。

尤卡坦省没有河流：供水主要来自石灰岩层溶蚀形成的天然圆形水井，地下水位有时很深。上页图是卡瑟伍德的石版画，画中印第安人借助一个巨大的梯子上下取水，取自《中美洲、恰帕斯和尤卡坦半岛的古代遗迹景观》，上图为其封面。

29岁时，斯蒂芬斯学习完法律后，乘船前往欧洲和中东游历。回国后，他出版了"旅行历险记"（《埃及、阿拉伯、皮特拉和圣地旅途见闻》，然后是《希腊、土耳其、俄罗斯和波兰旅途见闻》）。在好评下，他深受鼓舞，准备再度出发，搜集第三册《旅途见闻》的素材。1836年，他在伦敦结识了弗雷德里克·卡瑟伍德，一位年轻的英国建筑师兼出色的绘图员，也极为热爱旅行。两位青年人惺惺相惜，谈论旅行和探险，卡瑟伍德推荐他的朋友读读附有瓦尔德克版画插图的德尔·里奥报告。

斯蒂芬斯感受到公众对辉煌、极富异国情调、几乎不为人所知的文明废墟的兴趣

他回到纽约，在一家书店里发现了瓦尔德克的《尤卡坦省览胜记》。这本书的石版画表现出的美学价值，肯定了这些遗址的美丽和独特，使他盛赞不已。卡瑟伍德到访时，斯蒂芬斯把这个想法告诉了他，两人一拍即合。但中美洲大陆正战火四起。1838年之前，危地马拉、洪都拉斯、萨尔瓦多、尼加拉瓜和哥斯达黎加都属于中美洲联邦，此时中美洲联邦、民族主义者和印第安反抗部落之间内战正酣。在这种情况下，斯蒂芬斯和卡瑟伍德作为游客前往那里是不可能的。幸运的是，一个机会出现了：新的美国驻中美洲领事在准备上任时突然去世。

我们有充分的理由相信，这个地区曾经是同一个民族，说同一种语言，或者至少使用相同的文字……坐在废墟中，我们试图解开这个谜团：是谁建造了这些城市？然而终是徒劳。

——斯蒂芬斯，
《中美洲、恰帕斯及尤卡坦旅途见闻》，
1841年

乌斯马尔这座宫殿，称为"总督府"，让人联想到它真正的功能。此宫共有3座建筑：中央建筑有7扇门，穿过3扇门可直达主殿；在中央大门的上方，可以看到一幅王子坐在宝座上的画像。左右两个侧门的面积较小，与中央建筑隔有拱顶走廊。正如卡瑟伍德的版画所显示的那样，这些走廊后来被土填了。

第三章 考古之旅 055

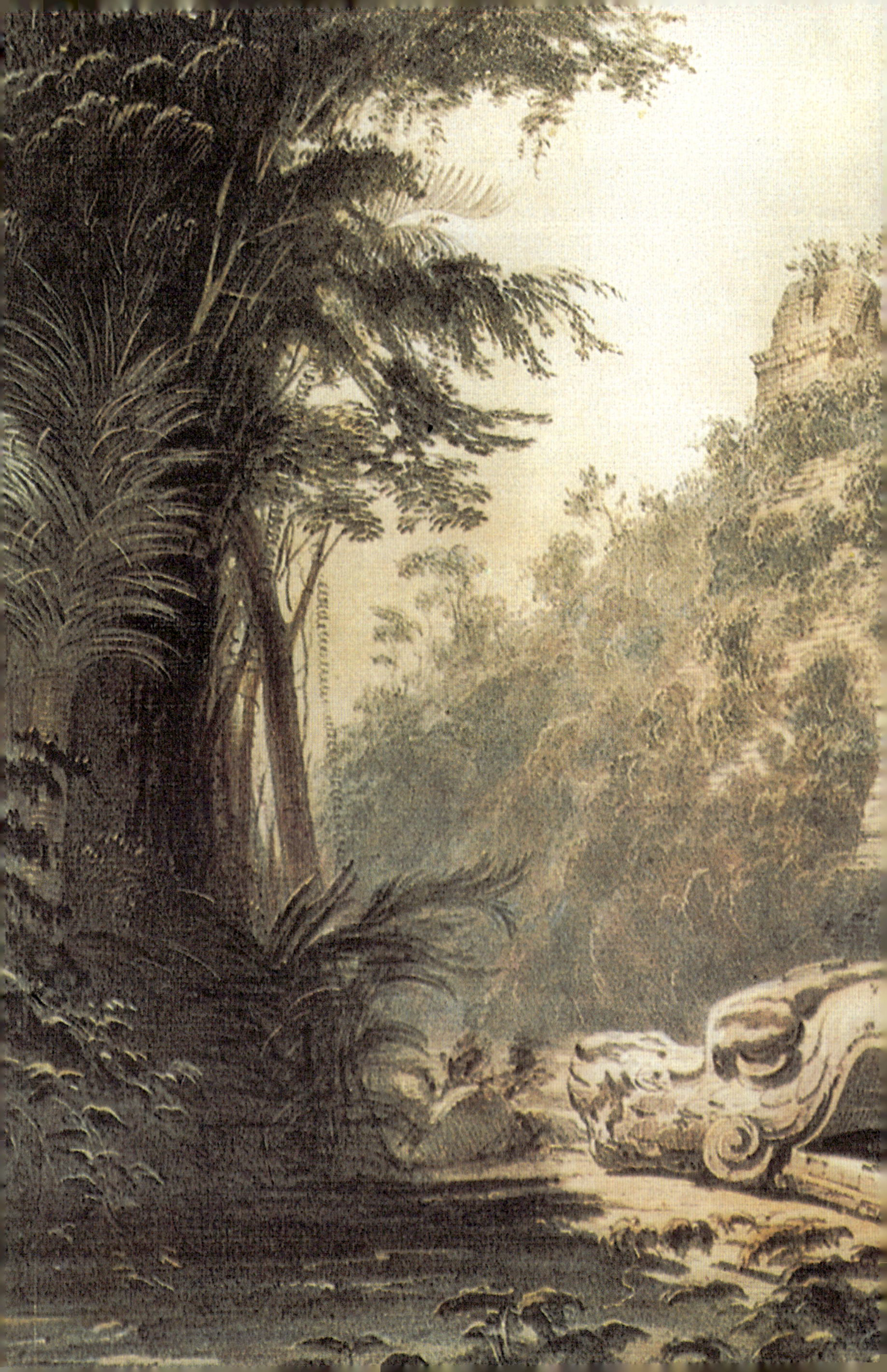

据说，传奇的羽蛇神魁扎尔科亚特尔被敌对派系赶出图拉（托尔特克首都，墨西哥城以北）。10世纪末，羽蛇神率领托尔特克人占领了奇琴伊察。西班牙征服者所称的"城堡"金字塔，被认为是这些外来者的作品，因其中的建筑理念显示出羽蛇神的主题。在金字塔的每一面，包括主立面和坡面上，栏杆像是蛇的身体，蛇头伏在建筑的脚下。在卡瑟伍德所作的画像前景中，神殿的正门有3个入口，每个入口处有两根蛇形柱子：蛇头与地面平齐，身体化作柱身，尾巴支撑横梁。

玛雅：失落的文明

在尤卡坦省普克区的玛雅遗址中,由4座长方形的建筑围绕着的一个庭院,被称为"方院"。在拉勃那,两座方院并列,中间由一个巨大的拱形门相通,旅行者常常误认为是凯旋门。通道两边各有一个房间。在门的上方,一个小屋状的壁龛曾经安放着一尊泥塑雕像。这些茅屋状的壁龛,类似尤卡坦村庄中茅草屋的缩影。乌斯马尔的"修女方院"的南楼上也可见此类壁龛。西班牙人认为它是一座修道院,因而称之为"修女方院"。拱形主门极具纪念意义,而其他的门则只有一个门楣。在这张石版画上,人们可以看到此类建筑的装饰风格:接合的柱子、格子、破碎的线条、建筑物角上或门上方的陆地怪物的面具。

斯蒂芬斯和卡瑟伍德用十米卷尺测量了图卢姆壁画神庙的面积。这个位于加勒比海沿岸的小镇是在征服前不久建造的。它被防御墙包围着，大多数房屋分布在主街两侧，最重要的建筑则集中在场地的中心。图卢姆的两座神庙壁画仍然保存完好，以黑色和青绿色为背景，画的是神话主题，描绘了雨雷之神查克和女神伊希切尔，在西班牙人到来时，伊希切尔深受爱戴。在图卢姆东北约50千米的科苏梅尔岛建有她的神庙，常有人去那里朝圣。

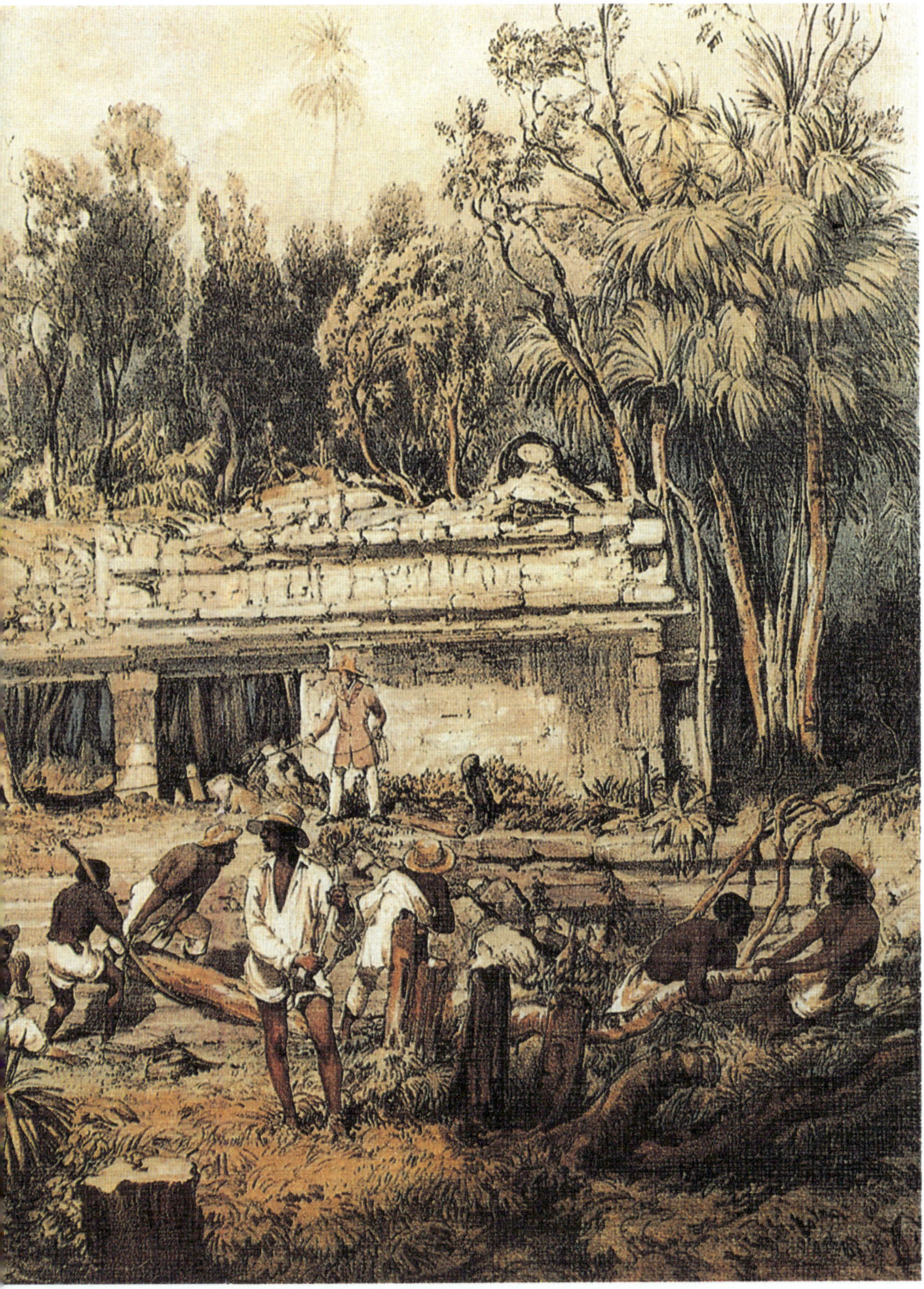

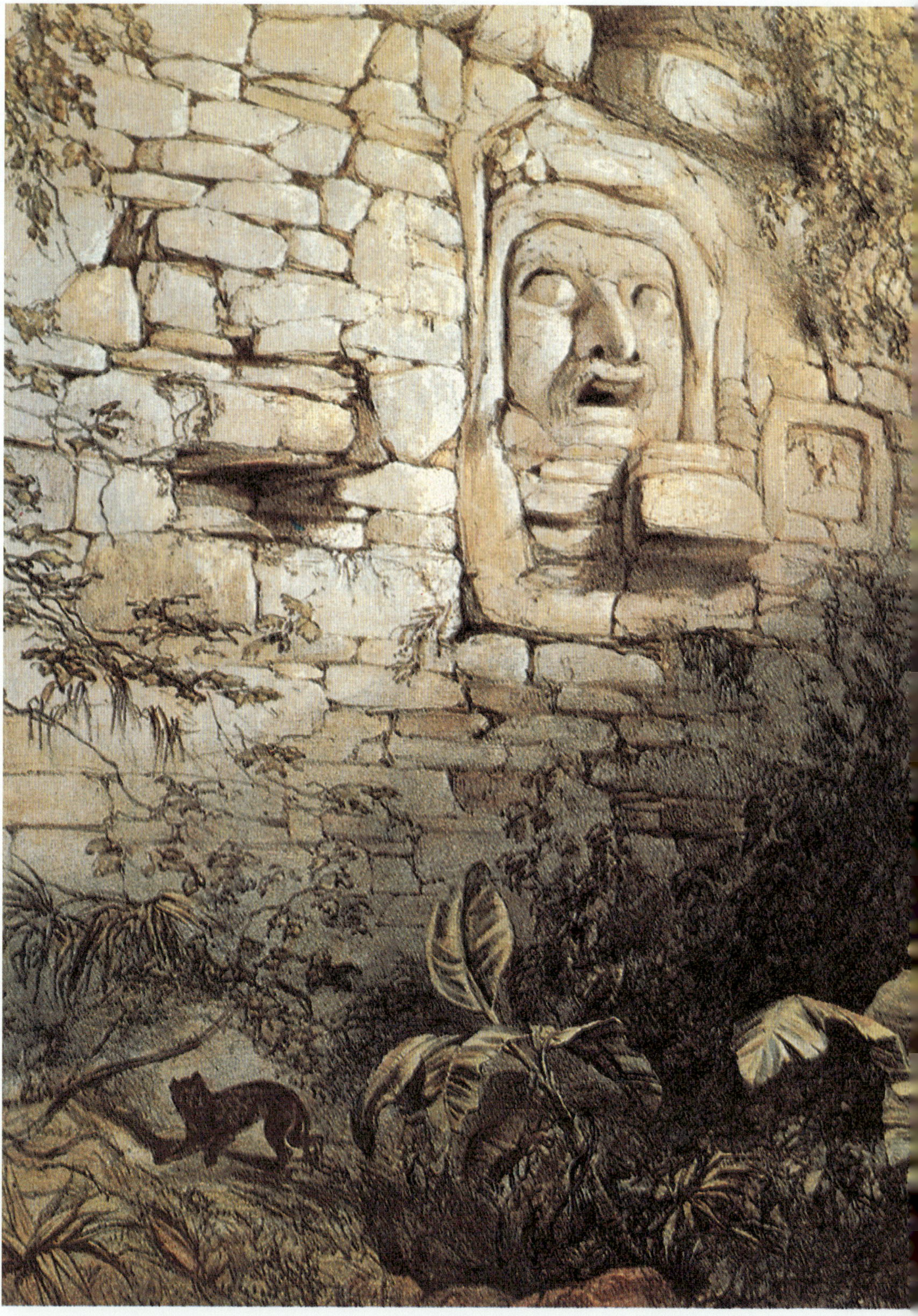

伊萨马尔的一座建筑的外墙上，有一面保存良好、高达两米的泥塑面具。这种装饰广泛用于玛雅建筑，只是少有地被放置在屋外，这使斯蒂芬斯感到惊讶。为了强调蛮石墙及上面的奇特面具的戏剧性，卡瑟伍德增添了一个猎人与一个印第安人，追捕一只隐藏在暗处的美洲豹。在伊萨马尔，兰达曾在玛雅城的一座金字塔废墟上，建造了方济各会的教堂和修道院。工程于1533年动工，1561年完工。这些建筑建在一个长520米、宽430米、高12米的平台上，围绕着一个巨大的庭院，三个坡道可以通往庭院。主坡道上有一个宏伟的凯旋门。通过这座不朽的建筑，方济各会希望表明基督教凌驾于受恶魔启发的本土宗教之上。

在阳光照耀下的祭坛后面，石碑立在阴影下，充满神秘色彩。卡瑟伍德虽然忠实地还原了形式，但有时会用戏剧性效果，表现科潘带给他的恐怖和神秘。下页图是科潘石碑的背后。

斯蒂芬斯立即主动提出接替他的职务，这得益于他政界友人的支持。两位好友终于踏上了危险的外交和考古之旅，历时近10个月。正如卡瑟伍德后来所写的那样，富有冒险精神的斯蒂芬斯"一边追寻一个难以捉摸的政府，徒劳无功；一边寻访破败的废墟，成效显著"。在漫长的旅程中，斯蒂芬斯和卡瑟伍德参观了科潘、基里瓜、托尼纳、帕伦克和乌斯马尔。他们在科潘待的时间最长，对此地的建筑和遗迹详细描述并制图。

作为一本冒险小说和考古文献，斯蒂芬斯的游记受到热烈欢迎

1841年出版的《中美洲、恰帕斯及尤卡坦旅途见闻》的成功主要归功于斯蒂芬斯的写作天赋。考古学研究只占全书的三分之一，其余则是关于冒险本身的叙述（如骡子带来的麻烦、餐食不继、全身淋透、被士兵逮捕），以及对风景、城镇和村庄的描述，对作者遇到的人物的介绍，还有

第三章 考古之旅 065

对中美洲的政策，甚至征服史或殖民史的介绍。这本书写得十分有趣，笔法细腻而幽默，是一部典型的"绅士"作品。他既没有大多数前辈和同时代人那种天真的热情，也不想去做肆无忌惮的臆想，斯蒂芬斯在他的书中表现出极大的清醒与谨慎，清楚地阐述论点。书中包含着"现代"的视角，由于他对废墟的思考建立在扎实的知识背景之上，因而更令人折服，更为真实可信。斯蒂芬斯熟悉征服的历史，对前辈的发现了如指掌。

他不轻易使用"玛雅"这个词来指代曾住在这片遗址上的居民。他和同时代的人一样，对他们的起源反复推敲。在回顾了各种假设之后，他得出的结论是，自己所涉考察的民族是土著民，其特点是不朽的建筑、原始的雕塑和完备的文字系统。石雕"偶像"（那时还不称"石碑"）上的人物，无疑是这个部落的领袖。瓦尔德克认为，某些雕塑上曾镌刻大象，斯蒂芬斯则严词否定他的说法。

卡瑟伍德追求准确，树立了新的时代准则

卡瑟伍德的作品包括描画风景、废墟、遗迹的版画，成为斯蒂芬斯两本书的插图，以及以废墟为主的版画集，于1844年在伦敦出版。这些版画充满了魅力和诗意，同时又不失真实性和美观性。卡瑟伍德经常采用转绘仪，这使他能够保留对象的原有比例。然而，并不是所有的东西都是完美的，特别是图谱，寥寥数笔，以一种非常粗

在任何一个古老的玛雅村庄，比如沙巴切，水井都是妇女社会生活的中心。在那里，妇女们聚在一起打水，洗澡，交换食物，谈论最新消息。卡瑟伍德对这种富有《圣经》遗韵的场景很感兴趣。

糙的方式绘制，但至少没有添加任何不合时宜的东西，如大象的头颅或楔形符号。

第一次航行本应继续探索尤卡坦半岛，但卡瑟伍德在乌斯马尔病倒了，两人只得返回美国。

1842年10月，为了完成《旅途见闻》的下卷，他们回到尤卡坦半岛，一直待到次年6月。书中的考古知识比上一本书所占篇幅更多，他们对参观的44处考古遗址都进行了叙述和绘图。

这个小村庄因有一口井而闻名，它让我们满怀感恩，远甚于在文明国家中旅行者看到最好的旅馆而产生的感激之情。我们被荆棘划伤，被蜱虫叮咬，渴望洗个澡舒服一下。很快，我们的马也沾了光，这个地区的人从不知道给马梳洗鬃毛，洗澡是使马匹提神的唯一方式。这口井是由现在的主人打的；以前，居民完全依赖9千米外的塔比的水井生活。

——斯蒂芬斯，《尤卡坦旅途见闻》

尤卡坦半岛一直缺水，没有地表水道。在北方地区，人们可以通过井取水，这些井位于石灰岩高原。在其他地方，玛雅人从地下蓄水池收集雨水。今天，一些村庄的用水由油罐车供应。

第三章 考古之旅 067

比起摹写物品和雕塑，卡瑟伍德对建筑勘测更感兴趣，他全身心地投入其中，创作出他的毕生杰作。这卷书的成功不亚于讲述中美洲的上卷，在整个19世纪几乎年年再版。斯蒂芬斯对玛雅考古发挥了决定性影响。

有人探索美洲森林，有人查阅图书馆资料

研究人员对三种类型的作品感兴趣：古抄本，即西班牙人到来之前，用象形文字书写的玛雅手稿；征服之后，用玛雅语写成，并译成拉丁文的土著文献；最后是西班牙征服者、传教士或官员所著的关于玛雅人的编年史。

玛雅人写的几千本书，只有三本流传至今。人们认为玛雅手稿的消失，传教士是罪魁祸首。事实上，疏忽也常常铸成大错：有多少手稿被西班牙人因好奇心收集起来，一段时间后却被扔掉了。

1739年，德累斯顿皇家图书馆馆长约翰·戈兹起程前往意大利旅行，途经维也纳时，发现了一份象形文字手稿，买了下来，这份手稿被称为《德累斯顿古抄本》。在维也纳发现这份古抄本，并非事出偶然。这座城市有查理五世的行宫，1519年，科尔特斯带来蒙特祖玛（阿兹特克皇帝）赠予查理五世的礼物，一批掠夺而来的文物和印第安手稿样本。《德累斯顿古抄本》无疑是样本中的一册，很可能起源于尤卡坦东部。当然，我们不知道从1519年到1739年之间，这份手稿在何人之间流传，自1739年之后，它在德累斯顿图书馆的书库里沉睡了将近一个世纪，时不时出现在库存中。

1815年，爱德华·金还是牛津大学的一名学生，这位年轻的金斯博罗勋爵在著名的博德利图书馆，研究墨西哥人（不是玛雅人）手稿时雀跃不已。他得知还有其他美洲原住民的手稿，分散在世界各地。罗马、巴黎、德累斯顿、维也纳、墨西哥城等地都有孤本的踪迹。他也发现，

玛雅手稿写在用榕树皮制成的纸上，上面涂着一层薄薄的石灰，折叠成纸扇状，长宽比例为二比一。象形文字以黑色或红色两种颜料写成，旁边有黑色线条，有时也涂上颜色，或放在彩色背景上，加强视觉效果。

玛雅文字是大小基本恒定的象形文字，以行或列的形式出现。字形块由主符号和词缀组成，符号共有800多个。最常见的读数顺序是从左到右，从上到下，成对排列。人们首先破译了历法信息、方向、法典中的神名；然后是表示政治单位和重大事件的象形文字。近年来解密文字取得的进展，使我们大致勾勒出玛雅政治和军事历史的轮廓。《德累斯顿古抄本》（上图是19世纪时影印的一页）主要由历书组成，最简单的模式是将260天的周期分为5个单元，每个单元52天，对应着每个掌管命运的神。

第三章 考古之旅　069

旅行者和探险家的记载仍然完全不为人所知。金斯博罗勋爵穷尽毕生精力，要把前哥伦布时期有关墨西哥的文献资料的摹本印刷出版，以利于研究人员掌握现存的手稿，并将其进行比较。

《德累斯顿古抄本》后来出现了其他版本，若要检查原作中遗失的一些细节，仍要查阅金斯博罗版本。金斯博罗勋爵在他的摹本中附录了自己的评论。现在看来，这些评论令人发笑，他确信印第安人是以色列失落部落的后代。他慷慨大方，曾资助瓦尔德克的一次考察旅行。他所从事工作的工程浩大，以及他对工作的精益求精，使这位高贵的英国人倾家荡产。他被债主起诉，因欠债而被关进监狱，1837年他病死狱中，享年42岁。

这份名为《巴黎古抄本》的手稿，按目前所见，长145厘米，折叠成11页（至少缺失两页），双面书写。在正面，我们可以看到11个卡盾（见下页）的历史事件和预言，也记录每一个卡盾时运的神明，以及执行的祭祀仪式。反面严重损坏，人们依稀可以辨认出残缺的历书、新年节庆和玛雅黄道星座带。

第二份玛雅手稿压在法国国家图书馆的一个废纸篓里

1859年，研究东方和美洲文明的法国年轻人莱昂·德·罗尼与一些同事，共同成立了法国美洲学会，后来改称为"美洲学家学会"，至今仍然存在。

"为了给新学会的成员提供资料"，同时也为了满足他对破译古文字的热情，罗尼开始在私人或公共藏书中寻找手稿。当时，法国国家图书馆没有建立墨西哥手稿的书目。这个年轻人搅动厚厚尘土，翻阅无数卷宗，在一个晴朗的日子，他

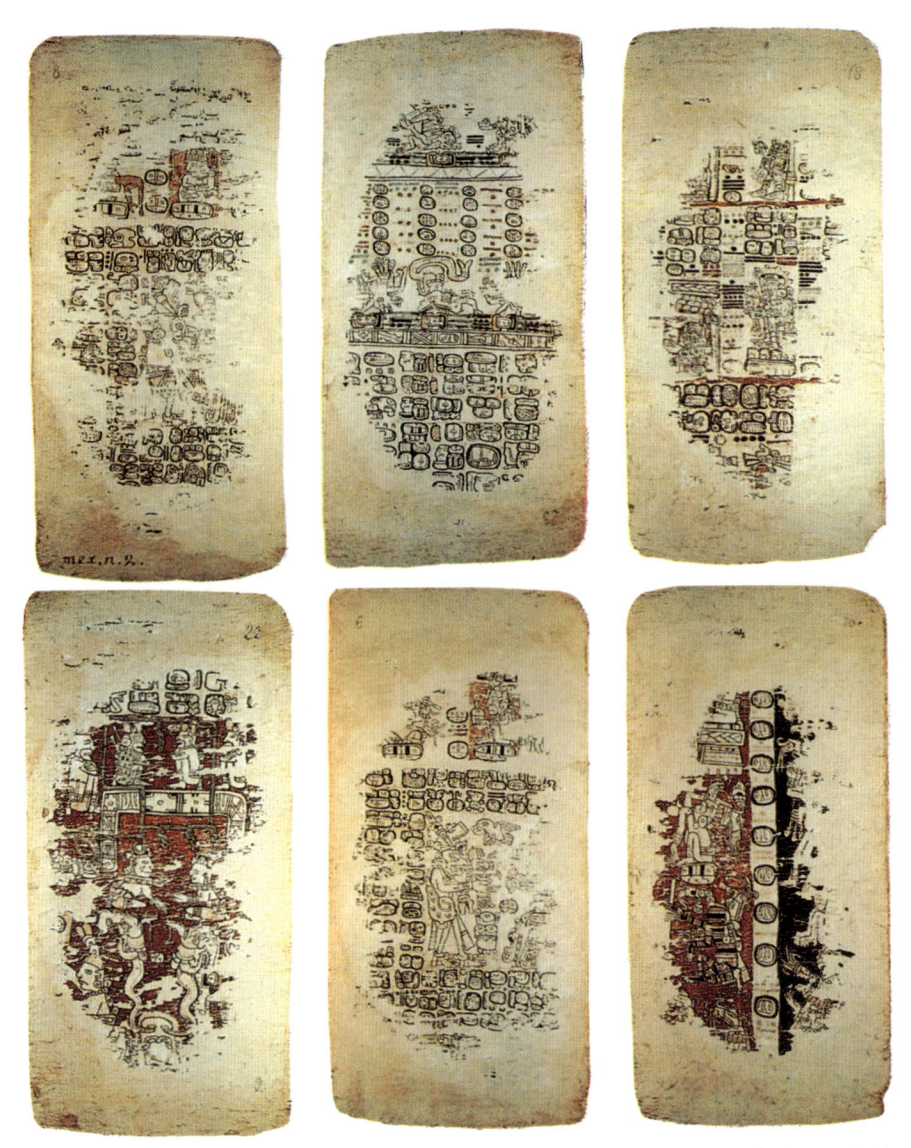

玛雅人使用一种以 20 为基数的算术系统，数值从下到上递增：每一级都是上一级的 20 倍，即从 1 到 20 再到 400。这些数字要么用横线（值为 5）和点（值为 1）的组合表示，要么用形状像神祇头像的字表示。在 5200 盾（5200 个 360 天）的大周期中，最初的年份被标记出来，对应的日期是公元前 3114 年[①]。在上面的图片上，红色和黑色的横线和点代表数字。

---

① 即玛雅纪年的起始年。

第三章 考古之旅

终于在废纸篓里找到了第二份玛雅手稿。5年后,他委托人拍照并出版,名为《佩雷斯古抄本》,又名《巴黎古抄本》。

第三份手稿的发现似乎比前两份更偶然。在研究美洲文明的学者之中,布拉瑟尔神父是挺有意思的人物。这位神父出生在敦刻尔克附近的布尔堡,他既担任神职,又进行考古研究。他很早就去了美国,然后去罗马旅行,并阅读了相关的书籍,书上的发现激发了他对新大陆古代社会的好奇心。

31岁时,他去了墨西哥。他在船上幸运地结识了法国驻墨西哥城大使,不久后就被任命为法国使团的随团人士。他的职位使他有时间在博物馆的档案馆和藏书室查阅资料。他有时会走出墨西哥城,参观考古遗址,但最重要的是,他对印第安语言充满热情。在墨西哥城,他学习了阿兹特克人的语言纳瓦特尔语,不久,他在档案中首次发现墨西哥手稿《奇马尔波波卡古抄本》——以教授他纳瓦特尔语的当地老师的名字命名。

布拉瑟尔神父回到欧洲后,成为一位多产的研究者

在危地马拉,大主教跟这位法国小神父意气相投,任命他为拉比纳尔的教区神父,拉比纳尔是基切人居住的地方,让他有机会实践他的双重天职。在那里,他和印第安人住在一起……印第安人成了他的教民,他也学习了印第安语言,并发现了一些无价的文献,其中包括《波波尔·乌》,这是基切玛雅人的一部史书,也是一本神话和历史故事集;还有玛雅为数不多的"剧本"之一——《拉比纳尔的武士》。不久,他当上印第安部落

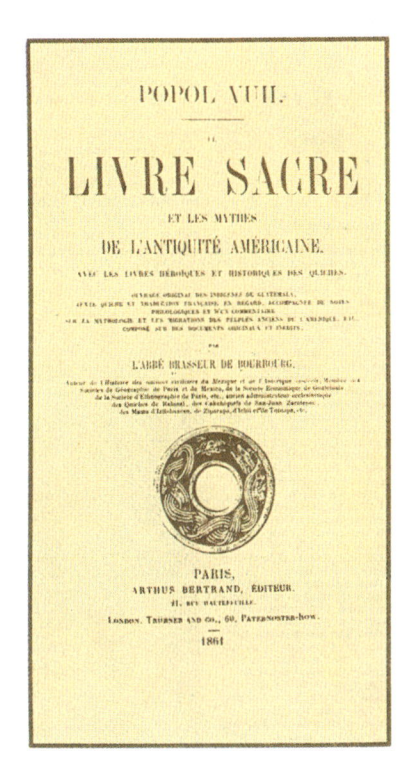

"波波尔·乌"在玛雅基切语中的意思是"鉴书"。之所以这样称呼，是因为基切的领主们在会议上频频查阅这本书，以预测未来的事件。基切王国几乎占领了危地马拉高地的西半部。

1857年在维也纳出版的《波波尔·乌》的译本，并未引起人们的注意。左图为布拉瑟尔神父（上页图）在1861年出版的基切文本和法文译本。

圣胡安·萨卡特佩克斯教区的神父；同样，他拿到了这个民族的历史书：《梭罗拉纪年录》。

1857年，他回到欧洲，疯狂工作，出版书籍的速度是任何现代学者都无法与之比肩的。1857年至1862年间，他接连出版了《墨西哥和中美洲文明国家史》、《波波尔·乌》法译本、《特万特佩克地峡游记》，更别提基切语语法书和词典了！与此同时，他在西班牙塞维利亚发现了玛雅研究中最有价值的文献：迭戈·德·兰达的《尤卡坦风物志》。1864年，他出版了这本书的法译本。

第三章 考古之旅

《波波尔·乌》的卷首插图（上图）是一幅后古典时期（公元10世纪）的陶制人面香炉的图画。它代表墨西哥的雨神特拉洛克，当时玛雅人对它极为信奉，其特征是从拱形的嘴里伸出的长牙，眼睛周围带有圆环。然而雨神却有一双典型的欧洲人眼睛，正暴露了绘制这张插图的艺术家的身份。

有位收藏家送给他一份抄本,布拉瑟尔神父欣喜若狂

1866年,在关于帕伦克的报告出版时,布拉瑟尔神父已是一位公认的学者了。除了出版了大量著作,他还在索邦大学教授新世界考古学,活跃于法国的美洲学会和许多外国学术团体。在马德里之行中,他自然而然地参观了皇家历史学院,在那里,他遇到了一位杰出人物——胡安·德·特洛-奥多勒亚诺。这位马德里古籍学院的教授,同时也是古文献收藏家,向布拉瑟尔神父展示了一件珍宝,布拉瑟尔神父一眼就认出了兰达描摹的文字,这些文字也曾出现在帕伦克的碑文中。

主人看客人如此兴奋,便慷慨地把手稿交给了他。这份手稿被命名为《特洛亚诺古抄本》(由主人的名字组合而成)。布拉瑟尔神父收藏了两年半,请人描画下来,自己研究,并于1869年出版,原始手稿随后被归还给胡安·德·特洛。6年后特洛逝世,他的儿子把古抄本卖给了马德里考古博物馆。

第三份古抄本成为商人的私卖品,充满可疑内情

故事还未结束。马德里的收藏家胡安·伊格纳西奥·米罗向马德里考古博物馆出售文物:三件出土于乌斯马尔的雕塑和一份名为《科尔特斯古抄本》的手稿,此手稿的确来自埃尔南·科尔特斯的后代,据说是科尔特斯珍藏的三份墨西哥手稿之一。

莱昂·德·罗尼——在法国国家图书馆发现古抄本的年轻人——知道这份文件的存在:事实上,有人曾向法国国家图书馆出售过,另附两页原稿照片的复印件作为样本,罗尼还出版了其中的一页。1880年,他得知西班牙政府购买了这份古抄本,便跑到马德里参观,并为古抄本拍了照片。细细察看,他意识到所谓的《科尔特斯古抄本》的初始页实际上是另一份抄本的续篇。他很感兴趣,并继续研究,终于证实这一页紧

接在《特洛亚诺古抄本》的最后一页后。于是，他把《特洛亚诺古抄本》和《科尔特斯古抄本》合在一起，成为《特洛-科尔特斯古抄本》。这确是怪事，甚为可疑：在1864年，世人只知道两份玛雅手稿；1865年，交易市场上又出现了一份，1872年又出现了第四份。这两份文件合而为一才完整，这仅仅是巧合吗？原始手稿很有可能是被切成两半，卖给了不同的收藏家，只是中间相隔了7年。由于卖家未暴露身份，《特洛-科尔特斯古抄本》的谜团仍未解开。

随着布拉瑟尔神父年岁增长，想象力愈为丰富，对世界的想法愈加奇怪偏执！最初，他认为《特洛亚诺古抄本》是"一种供地主使用的历书"。后来，他又认为这份文件像所有其他玛雅"僧侣"文献或"历法"一样，讲述了亚特兰蒂斯消失的故事。对他来说，这是一个真正的启迪："我的疑虑消散了，我的犹豫也不知不觉地结束了。我渐渐地探见了这些奇异形象的奥秘，最后一层帷幕揭开了，我开始从头到尾读碑文。"罗尼向他指出，手稿的次序反了。尽管承认自己以《特洛亚诺古抄本》的开头作为结尾，他还是毫不犹豫地喊道："我揭开了伊西丝神庙的蓝色面纱。"

这个身体漆成黑色的人物（下页图）是埃可·邱亚——贸易和可可（可可豆可用作货币使用）之神，外表看起来好战，左手持着标枪，右手握着一条蛇，一把斧头插在他的额头上，头饰上有一个鹿头和一条虫。《特洛-科尔特斯古抄本》的风格比《德累斯顿古抄本》要朴素得多，画法笨拙，身体比例也因图像而异，显然出自多位画家之手。

《特洛-科尔特斯古抄本》(又称《马德里古抄本》,因保存在马德里得名)诞生于公元1250年至1450年之间,很可能起源于尤卡坦半岛西部。这份手稿的神灵和其他图案,如玉米供品罐,亦出现在半岛东海岸的壁画上,如图卢姆、坦卡赫和圣丽塔。

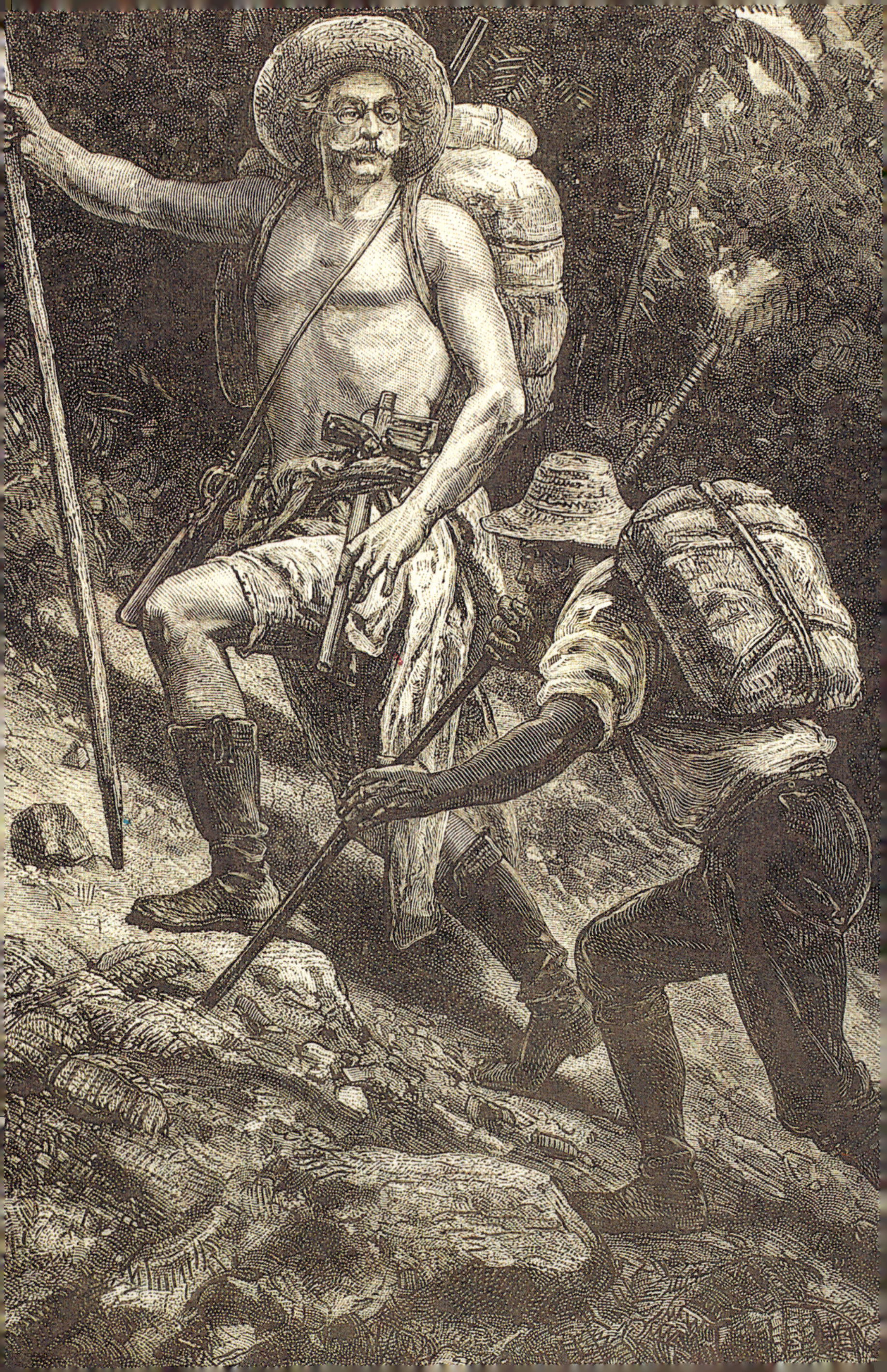

LES PHOTOGRAPHES-EXPLORATEURS

第四章
照片里的遗迹

1839年8月，银版摄影法的出现给学术界带来了巨大的希望。摄影的发明催生了一代探险摄影师，借此捕捉事物的"客观性"。

尤卡坦省无疑是美洲文明古迹最丰富的地区，我们会在遍地废墟中发现最宏大、最重要、最美丽的原始文明的最佳创造。

——德西雷·夏内，《尤卡坦游记》，1863年

上页图是德西雷·夏内在热带雨林中，版画；上图是19世纪摄影师的剪影。

> 我们被荆棘划伤，身体上长满了虱子，终于抵达修女方院，这是奇琴伊察最重要的遗迹……我在其中一个房间里安顿下来……印第安人开始工作。
> ——德西雷·夏内，《尤卡坦游记》

在19世纪下半叶，西方学者认识到恰帕斯、佩滕和尤卡坦半岛的废墟属于同一个文明，而这个文明并未借鉴希腊、埃及或印度任何东西。从那时起，玛雅文明——本来就该是它的名字——对他们来说有了新的重要性和价值。玛雅文明领土的辽阔、延续时间的长久、艺术的辉煌、文字的迷人与复杂，使它与伟大的东方文明并驾齐驱。这个玛雅遗址不再是如画的风景摆设，也不再是梦想的特权之地，而是"文明国家"的遗迹。这个国家似乎比阿兹特克人的国家优越（当时人们认为后者是野蛮人，因为他们用活人祭神），而玛雅人似乎不是这样。

现在是必须以应有的严肃和客观态度对待玛雅文明的时候了。摄影可以实现这一点。第二次旅行期间，斯蒂芬斯和卡瑟伍德带着银版照相器材，先拍了张自拍像，然后给梅里达城的年轻美女照相，最后在乌斯

马尔的废墟上进行实验。虽然有些颇有效果,但结果越来越差,最终他们只得作罢,它的缺点是只能产生一张图像。

摄影技术尚处于起步阶段,探险家们不得不背负几百公斤的装备

德西雷·夏内成功拍出了第一张玛雅遗址照片,并发表了作品。年幼时,夏内对旅行产生了热情,来到美国新奥尔良,以教法语为生。在那里,读了斯蒂芬斯的著作后,他找到职业之路,决心探

在摄影方面,夏内用珂罗胶底片拍照,取得了很好的效果。然而,这种底片只有在湿润状态下才能感光,而且干燥得很快。因此,每一块玻璃板都必须在拍摄前准备妥当,并在拍摄后马上冲洗。上图为夏内镜头下的奇琴伊察,下图为修女方院。

第四章 照片里的遗迹 **081**

索古代墨西哥人和玛雅人的废墟，并将它们的形象永久地留存在影像上。于是，他再次横渡大西洋，返回法国，向政府各部申请，最终在1857年获得了公共教育部的资助。

同年11月，他借道美国，在墨西哥韦拉克鲁斯登陆。1859年9月，他携带1800公斤的行李，离开墨西哥城，前往瓦哈卡。行李中有一些笨重的设备，体积极大，且不易移动：除了相机和支架，还有一大堆化学物质和玻璃板，要想在骡背上颠簸几天，完好无损地到达目的地，必须小心包装才行。一路上，这个地区动乱频频，夏内又不想丢失珍贵物资，于是决定把它交给骡夫，请他们绕道走不那么危险的道路。

在瓦哈卡，夏内等了两个月的行李。这期间他无所事事，失去了耐心，决定使用替代产品，在米特拉地区拍摄了一系列照片。该地多山，坐落在狭窄的河谷中，被白雪皑皑的高山隔开。在这里，工作屡遭失败与挫折，使他接近绝望。尽管条件恶劣，夏内还是设法完成了《美洲的城市和废墟》摄影集。这本大集子有47张照片和两张照相版画，拍摄背景包括米特拉、帕拉

在第二次墨西哥探险中，夏内有了更多的经验，并掌握了技术限制较少的摄影技巧，开拓了新的主题。在梅里达，他把相机对准菜市场（下图）。在墨西哥中部的高原上，他停下来把这幅景象记录在相机里，在那里，一个印第安人正在吮吸龙舌兰汁液，并把汁液倒入背囊中（下页左图）。这种液体，发酵后就会酿成龙舌兰酒，是墨西哥高地人的传统饮料。

克、伊萨马尔、奇琴伊察、乌斯马尔等。作品出版于1863年，当时售价500法郎。虽然发行量不大，但受到评论界的好评。

照片没有作假，时间的蹂躏与建筑物比例的优雅一样明显

在乌斯马尔和奇琴伊察拍摄的景色尤为成功，既表现了这些建筑物的巍峨和装饰的丰富性，还传达了一种巨大的孤独与悲伤的印象：破裂的外

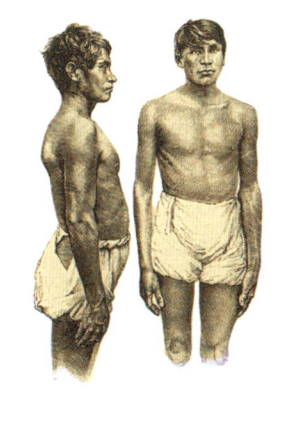

出于那个时代的流行，夏内也拍摄男性和女性作为"人体标本"。这些"玛雅型"人像有正面和侧面，都是根据照片翻制成版画后亮相的。

这座名为"教会"的普克风格的小神庙是夏内在1860年拍摄的。

墙、倒塌的墙壁、建筑物脚下的瓦砾，精心建造的庙宇仿佛是被神的手放在山顶的灌木丛和瓦砾上，我们已无法想象它的原始形状。

照片中，大自然总是存在的：早期的镜头多是纠缠的乔木和灌木，人们猜测这些乔木和灌木原本更为葱郁，因拍摄快照而被斧头砍倒一些。

虽然人们费尽心机，但树木奇迹般地从石堆中拔地而起，枝蔓布满建筑物的正立面，毛茸茸的灌木丛在神庙顶上生长得十分茂盛。

夏内又去了马达加斯加、爪哇和澳大利亚，进行摄影探险。1864年，他再次来到墨西哥，跟随支持马克西米利安皇帝的远征军部队。后来，他又去了美国和南美洲。最后，在1880年，他实现了梦想：回到墨西哥，时隔20年，继续自己的工作，重拾摄影师和艺术家旧业。这次探险的部分资金来自一位法裔美国人皮埃尔·洛里亚尔。3月至11月，夏内在墨西哥中部，主要是图拉和特奥蒂瓦坎，进行挖掘工作。他冒着倾盆大雨，参观了玛雅最西部的城市，清理废墟，测量建筑物，天一放晴就拍照。他在帕伦克度过了艰难的5个星期：雇用的伐木工人要么工作得太慢，要么擅离职守；几乎每天都在下雨，所有的工作大受妨碍，会使相机拍摄失真，无法使用。

夏内制作了各种尺寸和形状的雕塑模子，下方上图是一个梯形的双头天蛇。下图是一个运送祭品的背夫雕像，呈现为半躺着的人的形式，他的肚子上放着一个圆形托盘，用以放置供品。在相距大约2000千米的奇琴伊察和图拉，都可以发现这种人像。

夏内关注客观事物，为此他选择摄影并制作了纸模

他在浅浮雕上糊上多达6层湿报纸，然后风干，如果雨下得太久，就在炉火旁烤干，这样做极其危险。1880年1月26日晚上，

第四章　照片里的遗迹　**085**

正如左图这些由莫兹利夫妇在1894年的危地马拉之行期间拍摄的照片所示，直到1950年左右，骡子一直是考古学家使用最多的交通工具。尽管骡子有种种缺点，但它比人驮着的背椅更受欢迎……"尤其是在热带雨中"，浑身湿透、脾气暴躁的夏内如是想。（下页图）

他所有的模子都着火了。结果，他花了10天的时间来重做了一套。

这些模子忠实地再现了原始雕塑的三维形象，至今仍保存在凯布朗利博物馆。夏内在1858年到1860年拍摄的照片被用作摄影集的原始图片，这次拍摄的图片则不然，它们的尺寸较小，被用来制作版画，作为文章和书籍的插图，最著名的要数1885年出版的《新世界的古城》。这些照片自然有致：夏内毫不犹豫地拍摄林中营地、发掘的一系列物品，以及他在帕伦克宫发现的简陋设施。摄影师对他的拍摄对象信心十足，运用自如。与过去相比，拍出来的图像不那么"正式"了。

参观帕伦克之后，夏内重访尤卡坦半岛的遗址（伊萨马尔、奇琴伊察、卡巴、乌斯马尔），然后朝着路人所指的方向，开始了长达两周的漫长而痛苦的步行。他想成为遗址——今日的亚斯奇兰——的"发现

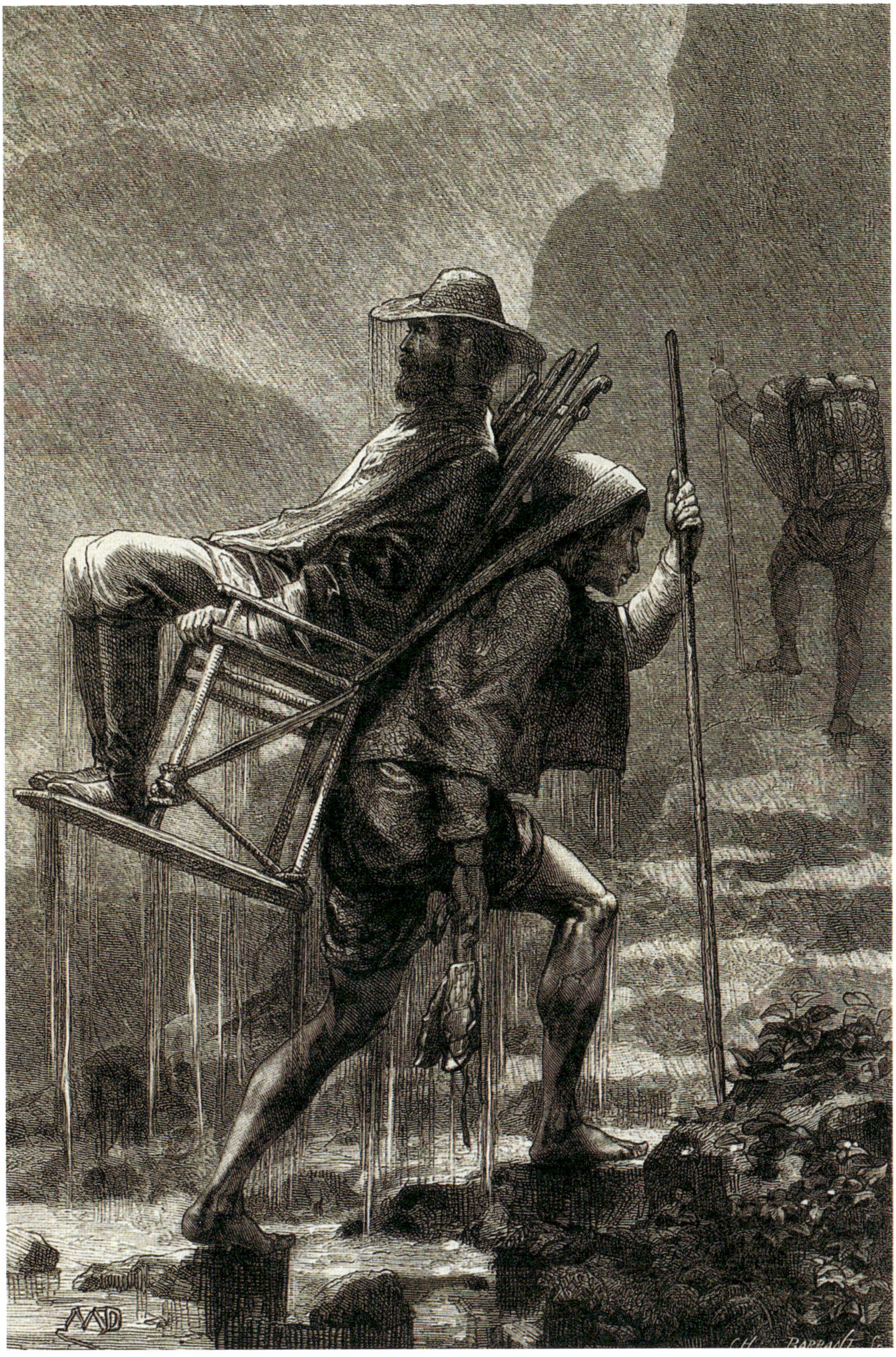

者"。当还需几个小时就可到达废墟时,他得知另一位探险家已经抵达了。我们可以想象他的失望和愤怒。他托人把自己的名片递给陌生人。第二天,两人相约见面。夏内认出了这位比他小22岁的人,一位英国人,"一位世故练达的人""一个绅士"。这位先生自我介绍:阿尔弗雷德·莫兹利,圣詹姆斯俱乐部会员,来自伦敦的皮卡迪利街。莫兹利注意到这位法国学者的失望,努力让他放心:"我只是一个业余爱好者,旅行是出于兴趣;您是一位学者,这座城市是您的。"夏内见他彬彬有礼,很受感动,当下向对方保证,他们将分享发现"洛里亚尔城"的荣耀,之所以如此命名,是为了向他的资助人致敬。

夏内是一位热情活泼的拉丁人，而莫兹利则是不苟言笑的盎格鲁－撒克逊人

夏内慷慨、张扬、健谈、虚荣，梦想着将为他带来荣耀的发现和理论。莫兹利沉默寡言、有条不紊、喜爱讽刺——至少在他的日记中，他对那位同伴的过分热情感到沮丧。然而，这两个人一起生活和工作几天，关系很好。夏内还传授他制作纸模的技术。

这是莫兹利第二次到中美洲旅行，但却是第一次以专业的身份，进行真正的考古任务。两年

1883年，当莫兹利回到基里瓜（上页图为其驻扎的营帐）时，随同的还有从伦敦专程赶来的制模专家。这位专家此行的任务，就是制作人们俗称"大乌龟"的一个石膏雕刻的模子。

第四章 照片里的遗迹　089

前，在阅读了斯蒂芬斯的作品之后，他以游客的身份前往危地马拉，访问了基里瓜、科潘和蒂卡尔。有次，他忙着清理基里瓜的遗迹时，发现了装饰的奇特纹路，他说："我意识到这些偶然发现的遗迹，比任何书中所写的重要得多。这个工作使我对中美洲考古学产生了永久的兴趣。之前来此旅游，仅是为了逃避英国严寒的冬天，后来又进行了七次探险，唯一目的是考古探索和研究。"

莫兹利随后放弃了殖民地官员的职业生涯。在任职期间，他先是去了委内瑞拉外海的特立尼达，然后去了澳大利亚的昆士兰，最后去了太平洋上的斐济群岛。

他具备做好新工作的三个重要因素：习惯热带气候和风景，对原住民语言和文化的兴趣，掌握精湛的摄影技术。他于1850年出生在一个实业家庭，拥有一定的财产，虽然不是很富有，但也不需要工作谋生。

模子完成后，有600多个部件，需要用近两吨石膏。这块大砂岩高2.2米，长3米，全身皆是雕刻，描绘的是双头陆地怪物的形象。

莫兹利只相信可靠的资料

两人刚认识时，夏内就开始长篇大论地讲述这些破败不堪的城市的年代。莫兹利头脑冷静，对夏内的理论提出了质疑，他深信，为了理解和解释这个文明，必须首先通过遗迹来了解它。当然，所有埋藏在地下的东西，等待着挖掘者的锄头和铲子，但地面上也有一整个可见的玛雅人世界。先是斯蒂芬斯和卡瑟伍德，然后是夏内，都相继记录他们的建筑、雕塑等。如果一个人想在了解玛雅文明方面取得任何进展，就必须掌握完全可靠的资料。换句话说，建筑、雕塑和象形文字必须尽可能地精确再现。为此，莫兹利使用三种技术：摄影、翻模、素描。1882年，他又额外掌握较夏内更胜一筹的方法：刚刚被发明出来的明胶干版底片。

玻璃板可以事先准备好，涂抹由动物蛋白质制成的明胶感光乳剂，没有必要像珂罗胶那样匆忙地涂抹，也无须在曝光后立即显影。这一巨大的进步减轻了探险摄影师的包袱，为他们省去了许多麻烦。莫兹利还改进了夏内教他的翻模技术：使用新方法做出的模子纹路清晰，不易变形，这将使他能够复制高凸浮雕，如科潘的石碑。

然而，这项工程费时费力，需要耐心，另外运输成本也相当昂贵：例如，在科潘工作的一季——三个月里，莫兹利使用了4吨石灰和250公斤的纸张。然后印第安人组成队列，带着模子徒步，花上几天的时间才到达杜尔塞河上的伊萨瓦尔。在那里，他们把模子装上一艘船，运到新奥尔良，再运到英国。用莫兹利制作的模子翻出来的作品，给人一种近乎完美的印象，在展会和博物馆取得了巨大的成功。

在与马克西米利安皇帝并肩作战后，马勒爱上了墨西哥，并决定留在那里

提奥伯特·马勒是最后一位伟大的探险家。他1842年出生于罗马，父母是德国人，在德国卡尔斯鲁厄学习工程和建筑，然后前往维也纳，在那里他获得了奥地利国籍。当马克西米利安皇帝登上墨西哥王位时，马勒加入了墨西哥帝国军队的志愿军。在马克西米利安皇帝1867年被执行死

玛雅：失落的文明

这张由安娜·亨特绘制的科潘市中心的模型图显示了河水对废墟造成的破坏。1936年，卡内基研究所将这条河流改道。

1888年，当莫兹利走进奇琴伊察的美洲豹神庙时，他并不认为自己能找到斯蒂芬斯45年前发现的壁画的痕迹。尽管壁画遭受了巨大的破坏——天气潮湿和周围村民的掠夺，莫兹利仍可以复制出几个场景：一幅人祭图，一幅战斗图和一幅意想不到的风景画。画中森林附近的村庄内，动物聚居，让人联想到卢梭的作品。但绝大多数壁画经不起时间的侵蚀。迄今为止，最古老的一组壁画于2001年在圣巴托洛（佩滕）被发现：以非常自由的风格表演的神话场景可以追溯到公元前1世纪。

第四章　照片里的遗迹　**093**

刑的 18 个月前，马勒参加了所有的战斗。后来，马勒成为一名平民，周游全国，先是拍摄了村庄，然后是废墟。和其他人一样，他从交通便利、十分上镜的米特拉出发，然后去了必经之地帕伦克，1877 年，他三度造访。第二年，他回到欧洲，为争夺遗产继承权打了漫长的官司。他对墨西哥及其历史的了解，以及他的摄影技术，使得他在法国的美洲学界颇受欢迎。他在法国逗留期间，写文章，讲课（在地理学会还放幻灯片等），阅读关于玛雅人的书。

1884 年，42 岁的马勒打赢了官司，带着一小笔财产回到墨西哥，他将这些财产用于探索玛雅遗址。他定居在尤卡坦半岛的一座小城蒂库尔，参观并拍摄了许多景点，他经常是第一个拍摄这些景点的人。1895 年，马勒和一些印第安人一起砍伐废墟及其周围森林的树木，前往佩滕和乌苏马辛塔河谷的遗址。到了那里，他开始寻找最佳的角度，如果有必要，他会建造高台以安装他的装备。他耐心地等待风平静下来或云彩消退，然后按下快门上的橡皮球。在离开一个站点之前，他会冲洗相片，若不满意，他会毫不犹豫地重新拍摄自认为不太满意的照片。

1898 年，皮博迪博物馆聘用他到玛雅国家进行一系列探险：他第一次出版了真实的探险报告，另附有说明、路线、地图，当然还有著名的照片。许多散布在恰帕斯、乌苏马辛塔河谷、佩滕地区的大大小小的遗址被首次发现。1905 年，

1913 年，提奥伯特·马勒（上图）拍摄了许多引人注目的照片。下页的图片很好地呈现了帕伦克的屋顶：外部是倾斜的，与内部拱顶平行，可以创造大的内部空间，开凿多个窗口。玛雅建筑拱顶不是真正的拱顶，在这种拱顶中，横向推力实现了平衡。事实上，玛雅人建造了逐渐向上加厚的两堵墙，直到它们靠在一起，形成了内部空间。

第四章 照片里的遗迹

他与雇主发生争执，因为皮博迪博物馆委托他人进行第四次玛雅探险。马勒对此感到非常痛苦，却并没有听天由命被迫退休。他在欧洲待了两年，1917年在梅里达去世。

1891年以前，探险家和考古学家通常只研究可见的遗迹，而未挖掘

马勒没有挖掘地下遗迹。皮博迪博物馆于1891年至1895年组织了第一个考古队，前往科潘进行发掘：他们绘制遗址中心的平面图，清理广

乌斯马尔有一组建筑被称为"墓地"，因为一座平台的两侧装饰有骷髅和交叉尸骨的浅浮雕。这些头骨并不代表被虔诚地埋葬在此处的人，而是代表被祭祀给神灵的人牲。

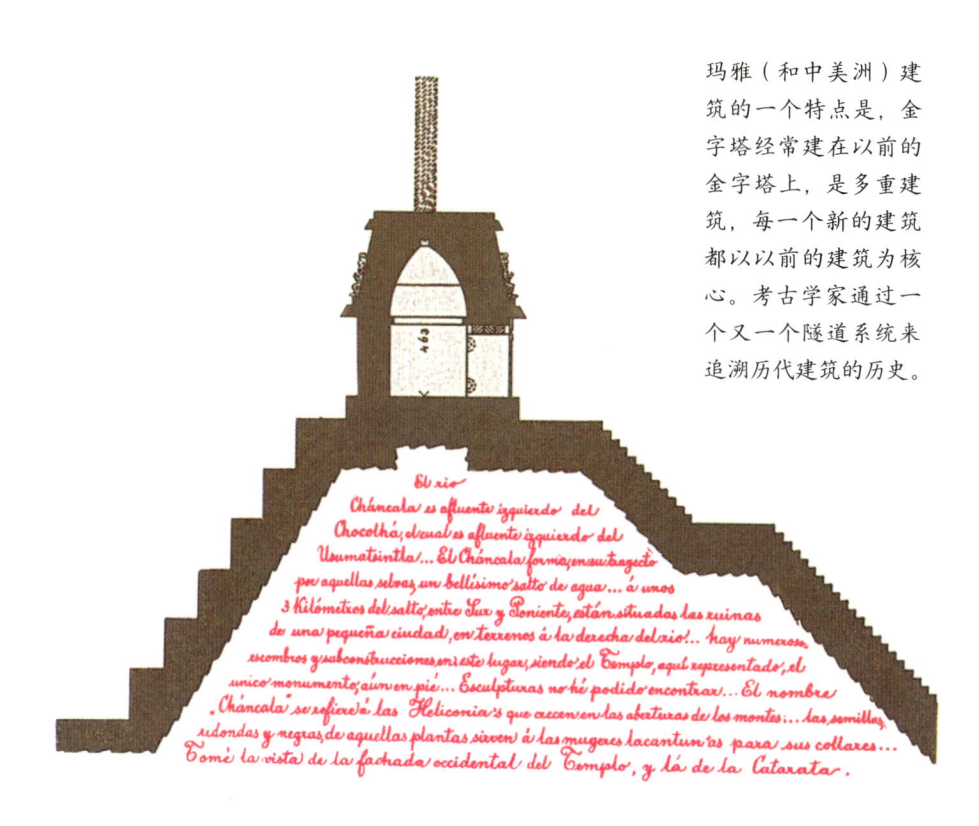

玛雅（和中美洲）建筑的一个特点是，金字塔经常建在以前的金字塔上，是多重建筑，每一个新的建筑都以以前的建筑为核心。考古学家通过一个又一个隧道系统来追溯历代建筑的历史。

场与建筑，寻找与遗迹有关的祭品，清点发现物品，挖掘坟墓。但挖掘过程中并没有发现太多关于玛雅人的信息。因此，学者们尚不知晓遗址的面积、玛雅人居住时间的长短。他们对建筑物的性质只字不提，因为他们几乎不了解制造的物品，无论是陶器、玉器还是兽骨制品。并且发掘的墓穴如此之少，他们怎么能谈论丧葬习俗呢？

不过，数以百计的遗迹被拍照或绘制；三份古抄本和关于玛雅人及其历史的主要编年史成功出版。原始材料有了，但数以千计的字形等待破译，几百个雕塑和绘画图像仍有待解释。

玛雅（和中美洲）金字塔通常是实心的（除了一些例外，如帕伦克），与马勒绘制的这幅金字塔剖面图（上图）相反。金字塔内部穿凿了墓室，左边是台阶，尺寸层层减小；右边是中央楼梯，分为上下两个部分。这座金字塔上面矗立着一座小神庙。

第四章　照片里的遗迹　**097**

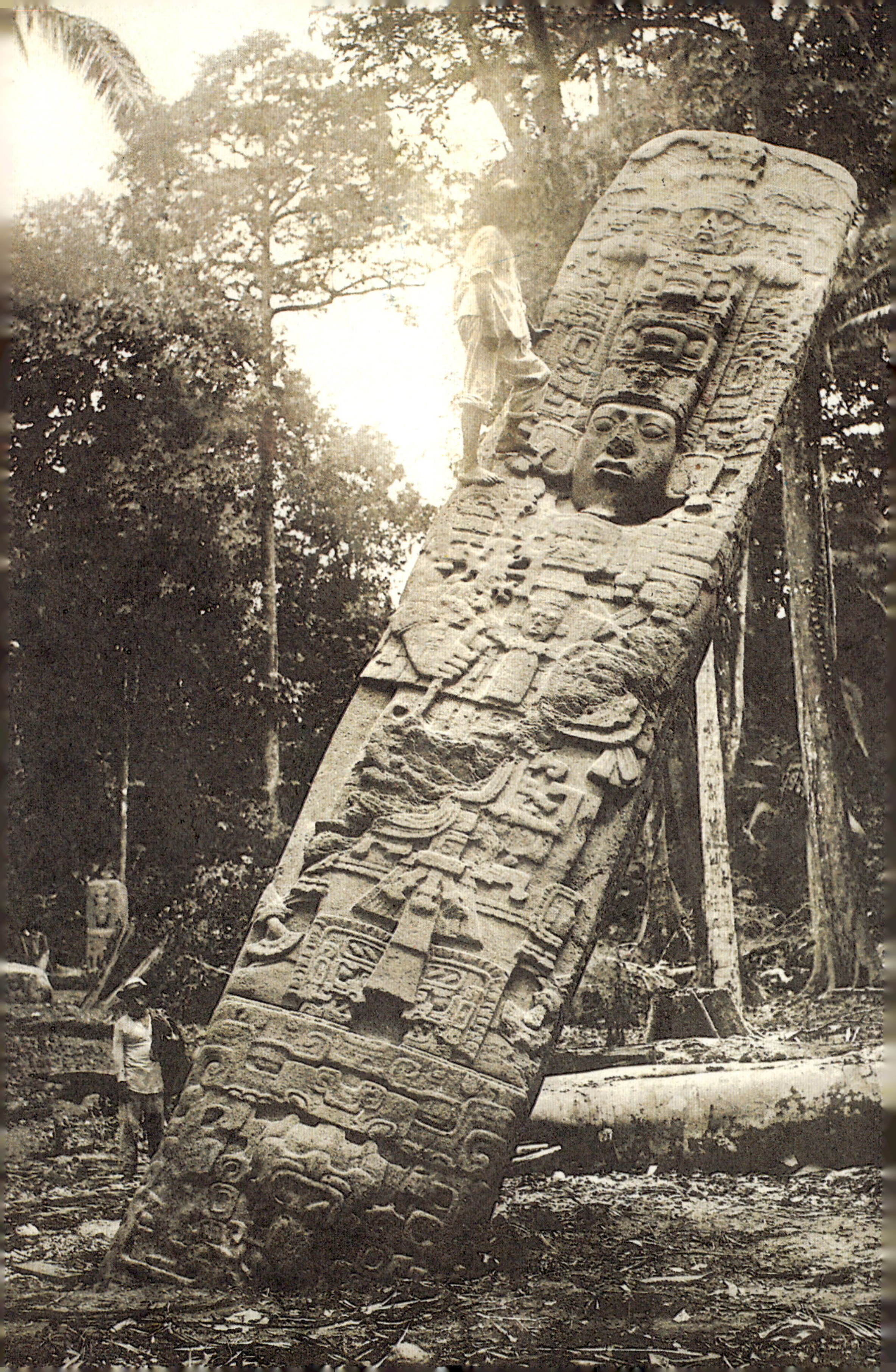

DANS LA PIERRE, DES SIGNES

第五章
破译上古密码

"我不会试图描述看到这些石碑给我们留下的印象,这些石碑无声无息地存在着,尽管我们无法理解。"斯蒂芬斯所感受到的那种情感,正是每一位参观者在帕伦克铭文神庙的象形文字石板前的感受。

编号为 E 的基里瓜石碑(上页图)高 11.7 米,建于 771 年,是已知最大的玛雅纪念碑。在这个柱形石块的前后两面都雕刻着国王的肖像。左右两侧有长长的铭文,由两列直行的字形组成。在上图中,人们可以看到一个球员,他佩戴一条厚厚的腰带和一条皮带,扑倒在地,正准备用臀部击球。

的确，在卡瑟伍德之前，很少有艺术家试图复制字形。德尔·里奥的报告附有两块铭文，每块铭文板上有6个象形文字，加林多也提供了几个例子。在任何情况下，这都不是一个忠实的复制——事实上，原图模糊不清楚，只是向大众大概展示玛雅文字的特征。显然，探险家和他们的艺术家无意讲究此事：抄写人们都不明白的文字，又有什么用呢？斯蒂芬斯虽然对未来和科学充满信心，但就目前而言，他不得不承认这些文字是"沉默的"。

只消看一眼，我们就可以知道瓦尔德克对玛雅字形不感兴趣。尽管这块铭文保存良好，读者还是在复制品中发现了楔形文字和象头。

人们很早就认识到，玛雅人使用的绝大多数文字并不存在于兰达的字母表里，因此它们无法被用于解释玛雅铭文。

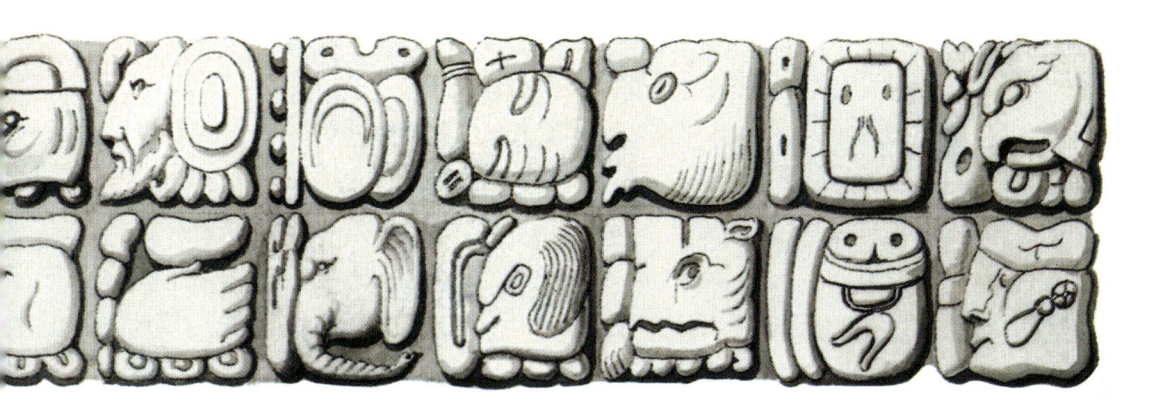

玛雅文字的面纱被揭开了

玛雅文字破译工作始于1864年，此时，布拉瑟尔神父出版了兰达的《尤卡坦风物志》。

兰达首先在书中解释了玛雅的历法周期：1年有18个乌纳（uinal，即月），每个乌纳有20金（kin，即日），共计360天，再加上5天"忌日"（uayeyab），即全年365天。"他们用20个字母或字符来给这360天命名，而没有给其他5天起名字，因为他们认为后者是不吉利和邪恶的。"

随后，他描摹了每个字形，并在下面标出它们的发音，如"康"（Kan）、"奇昌"（Chicchan）、"西米"（Cimi）、"马尼克"（Manik）等；他还描述了每个月的节日和仪式，并写出它们的名字和

在征服时期，玛雅人以20年（一年为360天）为一个卡盾（Katun，相当于以365天为一年的19.71年）来计算时间。以"阿豪"（Ahau，即卡盾的最后一天）前加一个数字为该卡盾命名。以这种方法，13个卡盾为一个周期，某一个特定的卡盾（如4阿豪）每隔256年出现一次。这个循环被称为"卡盾循环"，可由一个逆时针转动的转盘来表示（见左图），定位点是图上的黑色十字。

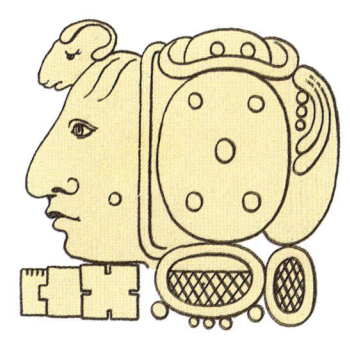

第五章 破译上古密码 101

字形，如"波普"（Pop）、"乌"（Uo）、"佐兹"（Zodz）、"兹克"（Tzec）等。他还想了解玛雅人用于书写的"字母表"，但事实上这是一个没有字母的书写系统。这位主教和一个有学识的印第安人展开了一场堪称经典的对话。兰达选择了玛雅字来做例子，这些字只有一个音节，但在西班牙语中是用两个字母写的。"为了让他用他们的文字书写，我们要让他明白，这里有两个字母……"以玛雅单词"ha"（意思是水）为例，它在西班牙语中由两个字母"h"（西班牙语发音为"a-tché"）和"a"组成。

于是，印第安人写出了发音上最相近的字符：一个表示"a"，另一个表示"tché"，最后一个表示"a"。实际上，他写的是西班牙字母的发音。就像在法语里，把"wagon"（马车）写成了"doublevéajéoenne"。两人之间的误解越来越大，以至于在对话结束时，兰达想让印第安人写一句话，对方被这种荒谬的方法激怒，写道："ma in kat！（我不干！）"

历书的解密

早期的玛雅文字研究者如此专注于数字和日历，是因为他们的工作都是以兰达的文献资料为基础的。有些人如布拉瑟尔神父和罗尼，试图理解和应用这个著名的"字母表"，但最终徒劳无功。而其他人，比如语言学家佛尔斯特曼和古德曼，开始在古抄本和纪念碑的铭文中寻找和识别日期与月份的字形。他们从历法素材开始，破译了其他资料，并逐渐发现了不同的周期及玛雅人对它们的使用。由于日历在碑文中的相对重要性，他们的工作变得更加容易：例如帕伦克的"96字符匾"中几乎有一半的字符是历法，这并不罕见。

因此，研究者都倾向于优先考虑他们花费了大力气才得以理解的东西，而牺牲了铭文中"沉默"的部分。由于人们很快发现玛雅人每隔一

基里瓜的 A 号石碑（左图），铭文的前六个字符给出了从 5200 盾（tun）大循环的起点（对应公元前 3114 年）经过的总天数：9 伯克盾、17 卡盾、5 盾[①]、0 乌纳和 0 金。因此推测该石碑于公元 775 年落成。

① 1 伯克盾（baktun）=144000 天，1 卡盾 =7200 天，1 盾 =360 天。

第五章 破译上古密码

在《德累斯顿古抄本》第74页，我们可以看到洪水对世界的毁灭，或者更轻松一点地理解，它可能只是在描述雨季的开始。天上的怪物长着鳄鱼的头、鹿的腿，身上还绘有代表金星、天空、太阳、黑暗的图案。一场倾盆大雨从怪物的嘴里喷涌出来；其他水流从代表太阳和月亮的方格中流出。年老的女神手上倒转着罐子，正在向大地倾倒洪水。下面蹲着L神——下界神之一：他手持标枪和一根长棍，头上有只标志性的哀鸣的鸟。

段时间（通常每 5 年）就会竖立刻有铭文的石碑，因此这种行为被称为"石碑崇拜"。玛雅人被认为是时间的崇拜者，任何与周期或数字有关的拟人化字形都被错误地称为"神"。

文本通常出现在古抄本和纪念碑上，和图像如影随形

对这些图像的正确解释可能有助于研究者破译与它们相关联的字形，反之亦然……如果文字和图像之间有某种关系，那么往往前者评论后者，后者则说明前者。但我们也可以从对图像的理解和解释中期待更多关于玛雅人本身，以及他们的习俗和信仰的大量信息。然而，在解释构成图像的图案并理解其含义之前，我们必须首先"看到"，即识别和辨认这些图案。换句话说，我们在试图确定蛇的含义之前，首先要识别出图像中的蛇。但是，即使对专家来说，这也并不总是容易的：玛雅人的图像不是自然的复制品，也不寻求"写实"。他们表达的不是他们所目睹的，而是他们所心知的，因此，所描绘事物的真实面貌将被改变，直到面目全非。玛雅艺术家改变描写对象的比例，在眼睛里放字形，把下巴削掉，给蛇配上宽大的玉石耳饰，把鸟的翅膀画成爬行动物的下巴。

此外，由于组成图像的模式的积累和嵌套，解码往往变得更加困难。一些玛雅浮雕乍看就像一盘面条：四面八方纠缠的形状，没有丝毫的"空白"，看得人眼花缭乱。这种被戏称为"留白恐惧症"的手法，是一种尽可能多地表达的意愿，人们毫不犹豫地多次重复相同的"信息"，且通常以不同的形式。

渐渐地，人们能够分辨出图案，特别是著名的蛇

早期的探险家和随行的艺术家承认，他们很难区分，甚至很难理解他们所发现的图像。这一点可以从他们的作品中看出来：例如在帕伦

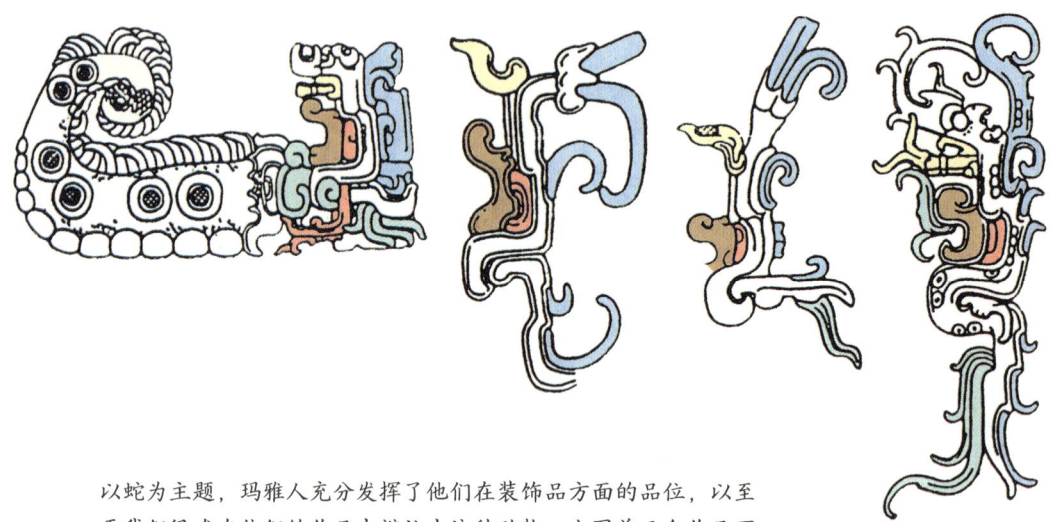

以蛇为主题，玛雅人充分发挥了他们在装饰品方面的品位，以至于我们很难在他们的作品中辨认出这种动物。上图前三个作品可以追溯到8世纪下半叶，与塞巴尔10号石碑（最右，849年）的蛇的繁复相比，显得更高明。为了帮助读者理解，蛇的眼睛被涂成红色，眉毛被涂成棕色，鼻子被涂成黄色，牙齿被涂成蓝色；舌头是橙色的，胡须是绿色的。

克，卡斯塔涅达画了一个面具作为人物的基座，再现了它的所有元素（眼睛、鼻子、嘴巴等），但这些元素只是并列的装饰形式，并不足以构成一幅面具。

莫兹利是第一个真正"理解"他所拍摄或绘制图像的人。此外，为了帮助读者理解，他使用了彩色来让图案更清晰。他还通过收集不同地点的"羽蛇神"，玛雅艺术中使用的"羽蛇神的头和蜗壳""怪诞面具""蛇鸟"等例子，展示了某些主题的重复。

在这之后，赫伯特·约瑟夫·斯宾登和塔提亚娜·普洛斯科里亚科夫研究了玛雅艺术，尤其是最壮观的形式：雕塑。但他们对风格的关注仍然胜过对形象的关注。这些雕刻在石碑、石匾、横梁上的男人（有时还有女人），究竟是谁？

是国王、祭司，还是神？站在他们身边的，显然级别较低的角色是谁？追随者、家庭成员，还是其他城邦的领袖？还有主人物脚下的那些衣衫褴褛的角色是谁？奴隶、俘虏，还是将要被祭祀的人牲？这些鬼脸面具，这些神话般的爬行动物或猫科动物，这些用头颅、象征性的物体和羽毛交织而成的头饰，又意味着什么？一方面，没

蛇是玛雅艺术中使用最多的自然形态。我们经常可以看到，一个人类或神话般的人从蛇张开的嘴里出来：玛雅人以此表现一个属于另一个世界的生物出现在我们的世界中。简化的蛇头象征神圣的力量。

在基里瓜的祭坛上，刚刚去世的君主戴着美洲豹面具——美洲豹是国王所认同的象征夜晚之太阳的生物。国王挥舞着一条双头蛇——象征着死亡和牺牲，通过地面的一个"V"形槽慢慢沉入地下世界——传统上用一个大"T"形表示，上面刻有纪念碑的铭文。

有文字的帮助（文字只提供日期），我们很难解释这些图像。另一方面，古抄本可以帮助辨别不同的神，以及铭文中指示人物的文字。这证明了石碑之间的密切平行性，比如出现在《德累斯顿古抄本》第 25 至 28 页的图画，和兰达所作的关于新年庆祝仪式的记述相吻合。

在 20 世纪上半叶，考古学家通过同时研究建筑、雕塑和陶器的演

莫兹利使用彩色（本页右图）来帮助读者识别构成科潘石碑（编号B，本页左图）装饰的不同元素。从正面看，国王是从陆地怪物的嘴里出来的，陆地怪物的鼻子和尖牙两侧是两个鹦鹉的头像，象征着太阳。国王怀里抱着一根长着两个蛇嘴的权杖，里面装着超自然生物。腰带上装饰着面具和铃铛，缠腰布上则是极具风格的美洲豹面具。在脚踝处，一排牙齿代表着陆地怪物的下颌。石碑上方和两侧戴着头巾的人是玛雅人的祖先。

变，并利用从纪念碑上破译的日期，将玛雅人的历史划分为几个主要时期：前古典时期（前1500—300）、古典时期（300—600）、古典后期（600—900）和后古典时期（900—1527），每一个时期又细分为"前期"和"后期"。这也是我们今天仍在使用的时间划分法。

第五章　破译上古密码

玛雅：失落的文明

建立在蒂卡尔的第二号神庙总高近40米，矗立在大广场上，与对面的第一号神庙遥遥相望。它建于8世纪初，坐落在一个由三个平台组成的阶梯式金字塔上。这些平台很坚固，由外墙加固。墙身被涂上一层厚厚的灰泥，仔细地磨平，然后漆成红色。神庙（含三个并排的小房间）建在金字塔顶端的一个又高又窄的平台上，顶部有一个内部空心的屋脊，比庙身还要高两倍。在玛雅时代，神庙立面的顶部装饰着一个浮雕中楣，屋脊自上而下覆盖着五颜六色的泥塑图案。如今，这些装饰只留下了斑驳的痕迹。

（距离蒂卡尔西北约25千米处的）瓦哈克通金字塔建于古典时期初，也就是大规模建设以前。它由易腐材料制成，4座大楼梯两侧有18个巨大的泥塑蛇头和美洲豹面具，表明了玛雅宇宙学的根本对立。这是现今已知的第一个有4座楼梯的金字塔，它的平面图无疑代表了被分成4个象限的宇宙。尽管今天的塔身看起来是明亮的白色，但其当初很可能像大多数后来的金字塔一样，被涂上了血红色的油漆。

第五章 破译上古密码

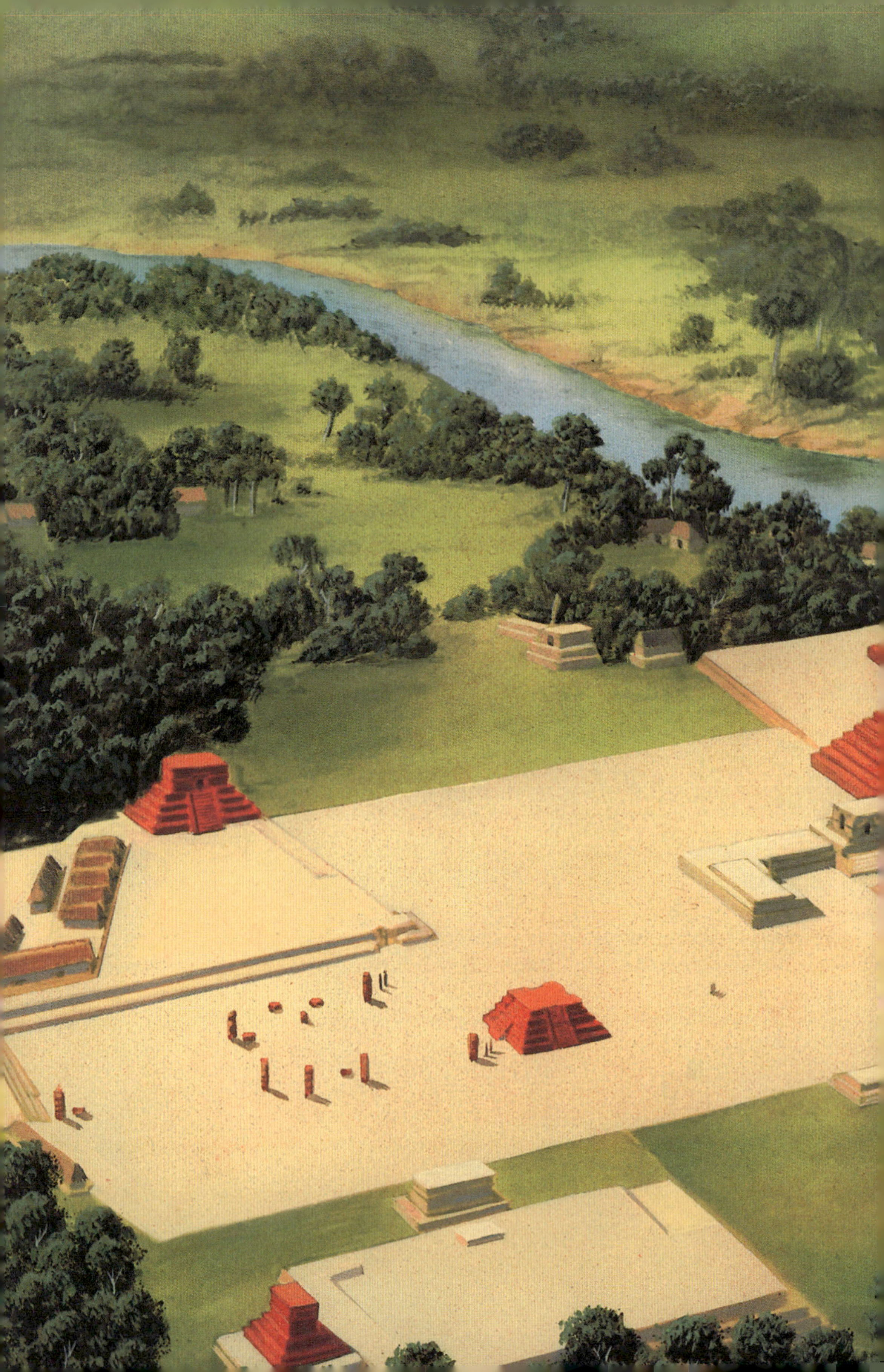

科潘市中心景象，很可能是在8世纪末的辉煌时期。图的左边，也就是北面，是一个大广场，广场周围有楼梯，可用作看台，很可能是仪式和游行的举办场所；这里也是整个遗址中石碑和祭坛数量最多的地方。在图片中心，有一个球类运动场，东西两侧有两座平行的建筑，北面是一座L形平台。图的右边是一座卫城，由两个广场和围绕着的各种建筑组成。基于这些建筑的特点和雕塑装饰的主题，我们可以确定它们的功能：一座是王宫，一座是供奉开国国王的神庙，一座是建在墓穴上方的皇室庙宇。我们还可以进一步查明某些举行宗教仪式的建筑物。

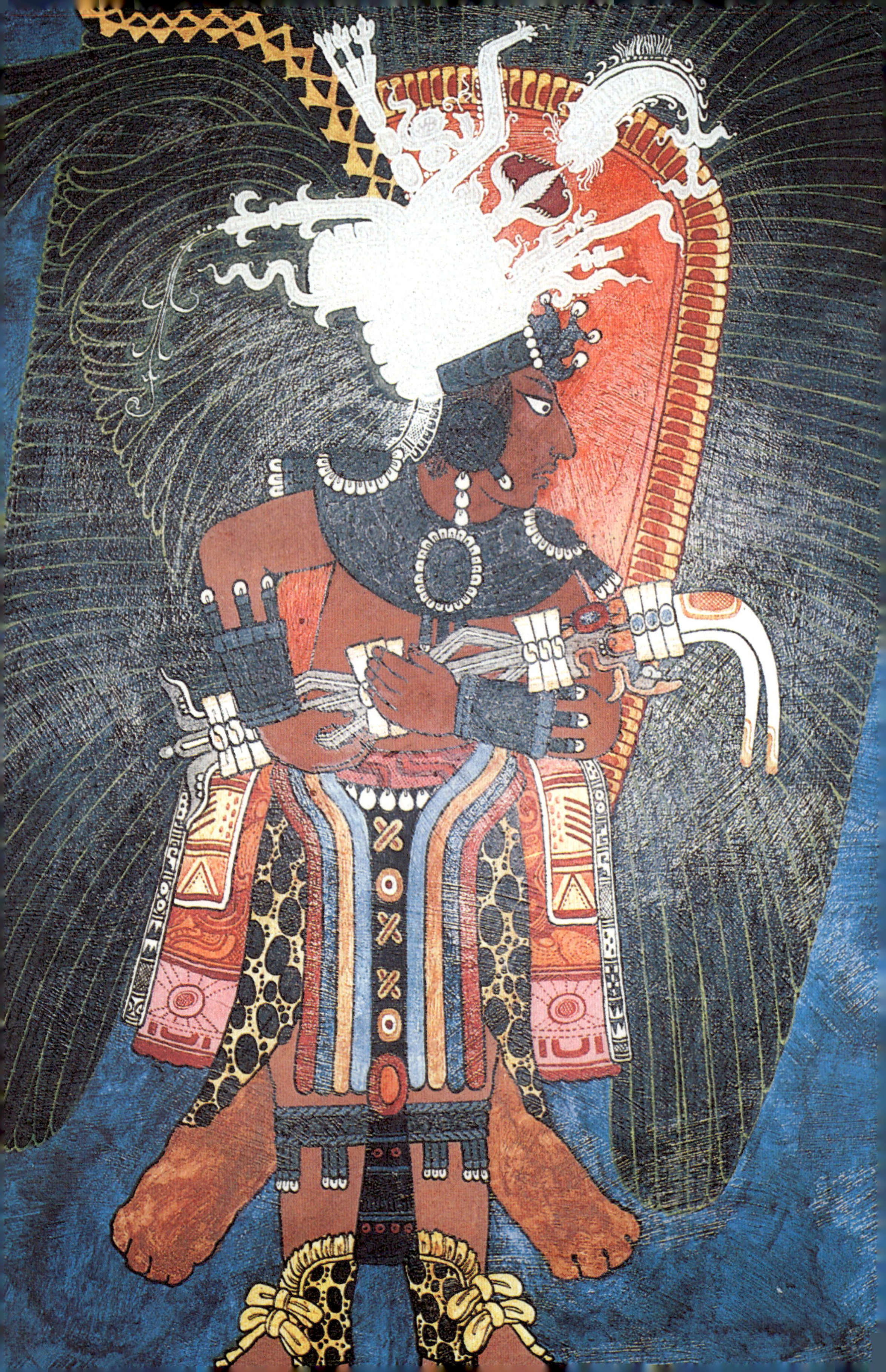

DE L'IMAGE AU RÉEL

第六章
玛雅文明的真相

1944 年，摄影师贾尔斯·希利前往拉坎哈河以西的恰帕斯丛林。强大的联合果品公司委托他拍摄一部关于拉坎顿印第安人的电影。拉坎顿是一个玛雅部落，他们生活在这个偏远的地区，完好无损地保留了古老传统。但至此，冒险来到此处的探险家仍寥寥无几。

博南帕克神庙的三个房间里的壁画，分别讲的是同一故事的三幕情节。第一个房间的壁画展示了为战斗做准备的仪式和庆祝活动。在上页图上，我们可以看到一个主演人物，他的怀里抱着一支有装饰结的复合权杖，这是一种祭祀的工具。上图是帕伦克铭文神庙。

目前博南帕克遗址的所有画作还没有一份令人满意的描摹。左边的画是原作的一个特写。

下面是1948年由特赫达修复的第二个房间的北墙的壁画，可以看到国王和他的廷臣在那里处理囚犯。这些人穿着缠腰布，等待被当作人牲。

　　拉坎顿印第安人崇拜他们祖先的废墟，他们认为这是神灵的居所，并定期到那里祭祀、焚香和祈祷。但他们通常拒绝把白人带到这些神圣的地方，即所谓的"石头"（他们简单地把废墟称为"石头"）；然而，他们愿意为希利破例，因为不仅他们之间互相熟稔，希利还给他们带来了文明的"恩惠"：猎枪、弹药、衣服、食物和药物。

　　1946年5月的一天，希利在当地一个狩猎伙伴何塞·佩佩·尚·博尔的带领下，去到了一个更大的遗址。多亏这位拉坎顿朋友，希利已经在该地区发现了大约20个遗址，其中大部分都不重要。他参观并拍摄这些高高耸立在破败的金字塔顶上的神庙，同时发现了令人心生敬佩的雕刻石碑，然后进入了遗址中最大的建筑之一。这座建筑有三扇门。

　　由于看不清，希利很快就出来了，并点燃了一个火炬，再次进入。等待了几秒钟后，他发现自己身处一个小房间内，墙壁和拱顶上画着几十

台阶脚下，武士们在站岗；金字塔顶端，穿着更华丽的贵族们簇拥着国王。上面横放的中楣代表天空，上面有几个星座的符号。

个彩绘人物——真是又惊又喜。随后他走出来，穿过隔壁的门，发现自己在一个完全相同的房间里，墙上有新的人物壁画，或立或卧。第三个小房间里的情境也相仿。

这一发现——很快被西尔韦纳斯·G.莫利命名为"博南帕克"的遗址——至关重要：在这之前，人们从不怀疑玛雅人的绘画实际上几乎全部销声匿迹了，但这些绘画保存得相当好，出人意料。

博南帕克的壁画打破了太多先入为主的观念，连权威专家一开始也拒绝接受它们所揭示的意义

1947年和1948年，卡内基研究所和墨西哥人类学研究所派学者研究这些画作，并派艺术家进行绘制。第一份关于博南帕克的研究报告于1955年面世。这份报告展现了非常"明智"的描述和评论：它没有质疑玛雅人的传统观点，将壁画中有关玛雅人好斗、暴力和残忍（斩首、酷刑）的一面最小化，还回避了宫廷场景中的政治含义。然而，即使包括莫利在内的学者们始终坚持最初的假设，这些图像也不言自明。随着时间的推移，人们越来越不愿意把玛雅人描绘成一个和平的民族，随处可见的暴力或血腥画面，一直被忽视了。说到"神权统治"一词，人们开始摇头苦笑；关于"历法祭司"的无所不能和无处不在，大家也开始怀疑。然而，研究者要在不同的场景中发现相同的人物，并通过简短的文本来辨认他们，还需要一段时间。换句话说，玛雅绘画自身的历史特征是最令专家学者们难以接受的。

1949年，墨西哥考古学家开始在帕伦克进行系统发掘

在阿尔贝托·鲁斯·吕利耶的指导下，十期发掘工作中的第一期开始了。鲁斯想探索所有神庙中最雄伟的一座——铭文神庙，希望能在其底下发现一座更古老的前玛雅建筑。这也是继莫兹利后第一次有人进行地下挖掘。他清除了金字塔及其周围的树木，并清理了神庙的内部，那里有三块石匾，是已知最长的玛雅铭文之一（617个字符）。在神庙中间的房间里，鲁斯注意到地板上的一块石板上有两排穿孔，可以用绳索穿过这些小孔来移动它。旁边是另一块石板，可能是德尔·里奥在一次暴力挖掘中打碎的。

鲁斯接着指出，神庙的墙壁并没有中断在地面上，而是继续向下延伸。出于好奇，他在这个位置继续挖掘，在离地面80厘米深的地方发现了一块似乎是拱顶石的石头，并凿穿它进一步挖掘。

在两米深的地方，他挖出了一级台阶，然后是第二级、第三级。挖着挖着，他来到了一个完全盖满土石的拱形楼梯。据他所说，这个楼梯一直延伸到金字塔的西面。第二年，即第二期发掘中，他走下了楼梯，到达了一个将近15米

在帕伦克的地穴里，人们发现了几座仿真人的泥塑头像。它们可能来自宫殿内编号A建筑墙壁上的浮雕，类似西方城堡的祖先画廊。如果这些浮雕确实代表了某些历史人物，那么这些头像就是已故国王或他们祖先的肖像。

第六章　玛雅文明的真相　121

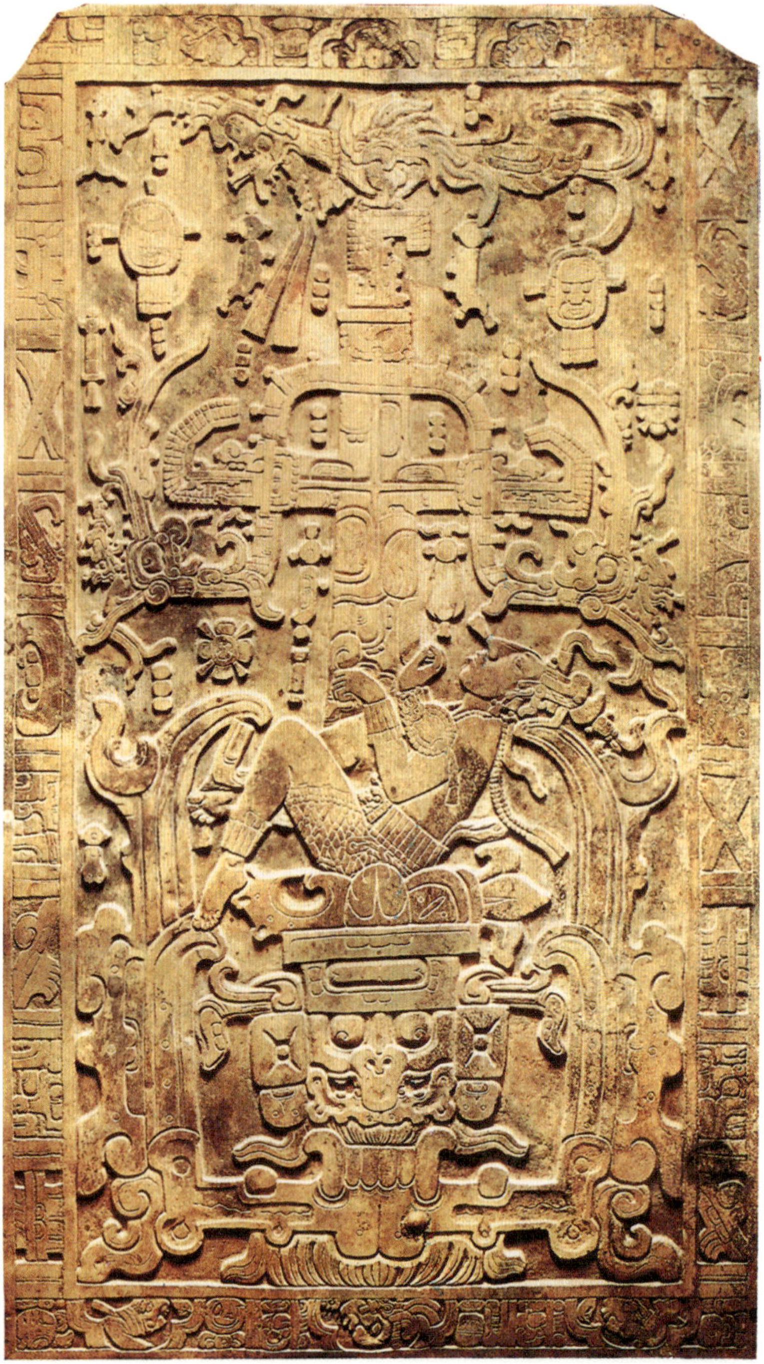

深的平台。楼梯以直角向北，然后向东，再次向底下延伸。第三期发掘中，工作人员又挖出了13级台阶。在1952年，第四期开始的时候，鲁斯知道他离目标不远了，因为他就在金字塔底层之下。他遇到了一堵用石头和黏土砌成的粗糙的墙，穿过墙壁，再往前走两米，是另一堵更整洁的砖石墙。介于两堵墙之间的是一箱子供品，里面有陶器、贝壳、朱砂（水银粉）、玉石。楼梯到此为止，取而代之的是一条走廊。

上页图中石棺的盖子描绘了已故的帕卡尔国王，他正掉入地面上的怪物的嘴巴里。嘴被呈现为一个框，由一个水平的蛇下颚和两个垂直的蛇上颚组成。国王和他的"坟墓"后面是一幅垂直的世界地图。在代表下世界（死者和夜间太阳的居所）的骷髅头上，矗立着一棵来自宇宙中心和四极的圣树。弓形的双头蛇是天空的形象；树顶上的鸟则代表太阳。

一年复一年，一次又一次，鲁斯走向了一个惊人的发现

第二堵墙后面隐藏着一个非常坚实的石灰石堤，厚达4米。鲁斯穿过墙壁，爬上两级台阶，就到了一个楼梯口，在那里又发现另一个箱子……这次里面装着6具人牲受害者的遗骸。走廊的尽头被一块三角形的大石板自下而上堵住了。一个工人用一根棍子打通了一个塞满石灰和鹅卵石的小洞。鲁斯跪下来，手里拿着一盏电灯，用一只眼睛盯着这个开口，一动不动，一言不发。

随着时间流逝，围在他身边的工作人员逐渐失去耐心，纷纷向他发出询问。最后，他站了起来，感动万分，给大家描述了一个巨大的拱形大厅，说墙壁上装饰着泥塑浮雕，大厅的中央还有一个巨大的雕刻石块，几乎填满了整个空间。他们移开大石板，往下有4级台阶。那个巨大的雕

这位玛雅国王下葬时脸上蒙着殓葬面具。除了眼睛和牙齿,其余都是玉石做的。弓形的嘴巴是模仿美洲豹露出牙齿时的造型,牙齿是"T"形的,这是不朽的太阳的另一个象征。

另外,利用同一块绿色石头,他们还雕刻了一个长着奇幻头像的小雕像(下页上图)和一个代表太阳神的面具(下页下图)——内斜视的大眼睛是它的特点。兰达说,出于这个原因,玛雅母亲们试图用一根绒球绑在她们孩子的头发上来让他们长成内斜视眼。

刻石块的两侧刻有10个人物雕像,雕像坐落在6个支柱上,支柱上也有雕饰。巨石块上还覆盖着一块长3.8米、宽2.2米的浅浮雕饰石板,浮雕显示:在一幅代表宇宙的大地图前,一个人——死者——掉进了地面怪物的嘴巴里。石板的边缘还有铭文。鲁斯在石板四周收集祭品,同时叫人用卡车的千斤顶移开大石板,然后发现了一口石棺,顶部是一个烧瓶状的空洞,洞口用盖子封着。抬起来一看,映入眼帘的是一具男人骸骨,脸被一个马赛克镶嵌式的玉石殓葬面具所掩盖,面具的眼睛是贝壳

和黑曜石。骨架上布满了珠宝：吊坠、皇冠、耳饰、项链、胸饰、手镯、唇盘、戒指……所有这些都是以玛雅人最纯净、珍贵的玉石材料制作而成。

振奋人心的宝藏、鬼斧神工的金字塔建造技术、美妙绝伦的祭品和雕塑……这些发现无不使整个学术界与公众为之深深震撼。因此，人们猜测，如同埃及金字塔一样，玛雅金字塔也可能是殡葬之所！但鲁斯本人拒绝从他的发现中得出所有结论，宁愿把帕伦克看作一个例外。然而，其他皇家墓穴很快证实了这一新的假设，尤其是在蒂卡尔。

对玛雅人来说，玉石是生命和不朽的象征。几乎每一个玛雅人的坟墓或祭品中都包含至少一块玉石。大多数为王族保留的殓葬面具都是由镶嵌在泥塑或木头上的马赛克玉石制成的，如今几乎销声匿迹。于是，修复者们怀着无限耐心，希冀从一堆用绿色石头切割成的碎片中找回这些失踪珍宝的特征。

博南帕克墓、帕伦克墓……关于玛雅人的传统理论开始摇摇欲坠

20世纪30年代，塔提亚娜·普洛斯科里亚科夫在彼德拉斯内格拉斯担任绘图员时，注意到该遗址的石碑被分成几组，每组都与一座特定的建筑相

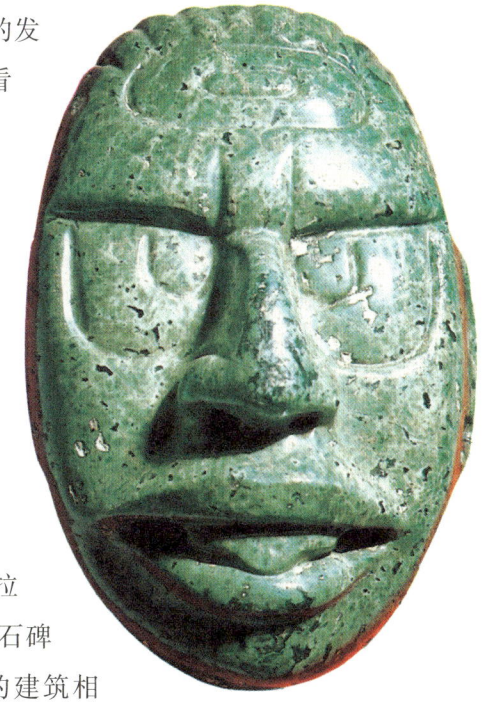

第六章 玛雅文明的真相　125

左图："牙痛"字形，因头上系着一条带子而得名，意思是登基。

关联。随后，她发现了各种字符（关于国王登基、统治周期、自祭仪式和俘虏）的意义，并设法追溯了这个遗址几乎所有王朝的历史。

毋庸置疑的是，玛雅铭文所记载的内容是具有历史性的；而刻在石碑上的人物，就是同一纪念碑上的铭文中所记载和尊崇的国王。

近年来，研究者在破译字形的同时，也在破译图像方面取得进展，并揭示了国王在玛雅仪式和宇宙论中的基本作用：世界的顺利运行取决于国王，因此国王必须执行许多仪式，而这些仪式的复杂性才刚刚开始显现出来。其中最重要和最常见的仪式是自祭，包括忍痛放血、残害和折磨自己。石碑的竖立不再被解释为"时间崇拜"的表现，而是一座纪念碑；人们通过在固定间隔的时间内树立一座石碑，来确定各种历法周期和王朝周期之间的关系而进行"评估"。事实上，在玛雅人的思想中，国王的继位就是一个太阳周期，每个国王都是一轮太阳。在玛雅地区的东南部（科

潘、基里瓜），这一概念被描绘在纪念碑上：登上王位的年轻国王是一轮朝阳，从地面怪物的下巴里出来；已故的国王，消失在大地张开的口中。

玛雅社会的城邦之间对彼此的身份怀有强烈的嫉妒，他们在争夺声望的斗争中筋疲力尽。直到20世纪中叶，关于玛雅文明的知识仍然非常有限，一些被提出的假设仍然十分简单。当时的考古学家尚不太清楚关于玛雅文明的确切起源，只有通过自然灾害或社会动荡来解释古典文明的没落，如疫病、地震、革命等。对于所考察的每一个时期，他们可以提出关于陶制花瓶、石器、拱形建筑、运动场、石碑和雕刻祭坛的初步描述；然而，他们在其他领域却要谨小慎微得多。研究者在"礼仪中心"周围进行的研究表明，在大型王宫、行政和宗教建筑的核心周围，有许多较小的住宅——遗迹表明大部分是棚屋——整个建筑群构成了一

在大多数情况下，殓葬花瓶描绘了以地下世界为背景的神话情节。以这种方式绘制的一些图像可以与《波波尔·乌》中的段落联系起来。我们经常看到宫廷场景中，一位高贵的人物坐在他的宝座上，接受臣民的敬礼，迎接武士，主持祭祀仪式。

第六章 玛雅文明的真相　127

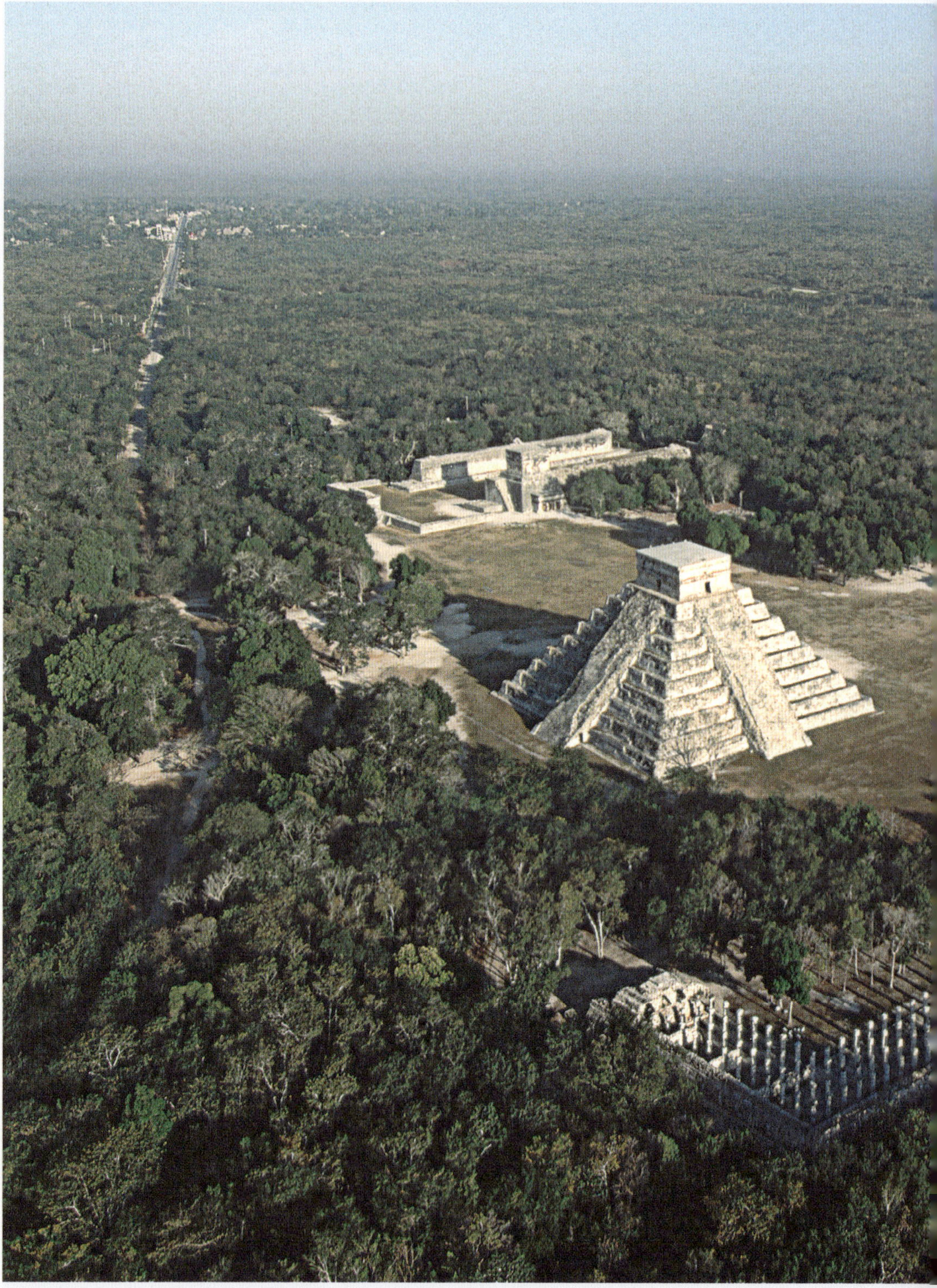

奇琴伊察在玛雅城市佩滕（9世纪）和尤卡坦半岛西部（普克地区）的没落中幸存下来。图为后古典时期（1000—1200）城市的中心，面朝北方。右边是武士神庙，包括一个大型圆柱大厅和一座金字塔神庙。武士把俘虏带到祭品处，然后献上他们的血。在南面和东面，有柱子的房间（在图片的中心）可以容纳成千上万的人。位于正中央的"城堡"金字塔是广场中枢，是一座有四个楼梯的金字塔，是王朝神庙。北面是一个大运动场和美洲豹神庙，这是另一座献给武士的建筑。在广场的东面，一条高架人行道通向神圣的天井，这是一口巨大的天然水井，玛雅人在那里投掷各种祭品和人牲。13世纪，主要家族之间的权力斗争最终导致了这座城市的崩溃，取而代之的是新的玛雅大都市——玛雅潘。

第六章 玛雅文明的真相　129

个城市。即使没有街道，且房屋分散，这些社区也能构成城市，因为很大一部分人口从事着农业以外的活动，如手工业、宗教、军事、行政、商业等。虽然最大的城市有数以万计的居民，但许多较小的城市可以是独立的，也可以是大的城市的附庸。还有小镇、村庄、小屯和与世隔绝的农庄。因此，在政治上相互竞争的城邦，实际上是一个社会，并共享同一种文明，但每个城邦都有独特的个性。这是一个竞争激烈的社会，它的历史充满了斗争、吞并、分裂与联盟。在每一个大城市——那些有权获得"字形徽章"的城市——都有一个国王，与神平等，在他的子民面前肩扛起世运昌盛的责任。为了让他的子民和对手臣服，每一位国王都耗费心力争取住在最豪华的宫殿里；为了祖先的荣

耀，他在最高的金字塔尖上建造了最豪华的庙宇；为了以最辉煌的方式纪念他的统治，他建造了最宏伟的纪念碑。各王族间的威望之争日益消耗国力，劳民伤财，再加上农业衰落、人口膨胀、内部战争和蛮夷入侵等危机，古典玛雅文明濒临崩溃。佩滕、恰帕斯和伯利兹这些大城市在9世纪末消亡殆尽，而玛雅文明在尤卡坦半岛设法存活了下来。从玛雅文明研究者早期的文献资料中，可以看到一个浪漫主义愿景：这是一个没有历史的社会，一个和平、没有血腥的祭祀和虔诚的宗教的族群。而这种幻想被后来的发现一一粉碎。今天，玛雅人带着他们所有的脆弱出现在我们面前：好斗、骄傲、莽撞……但不同的是，多了一些人性的余味。

为了说明古代玛雅人的社会结构，一位当代墨西哥艺术家以博南帕克的风格绘画了这个阶级金字塔。国王是独一无二、全能的，高居金字塔顶端。金字塔的上半部分容纳了在位王朝的主要人物。下一层是贵族、祭司和武士。更低一层的是艺术家、工匠和商人，他们中的一些人无疑在宫廷中享有特权地位。最底层的是农民，但也有奴隶、挑夫和其他工人。

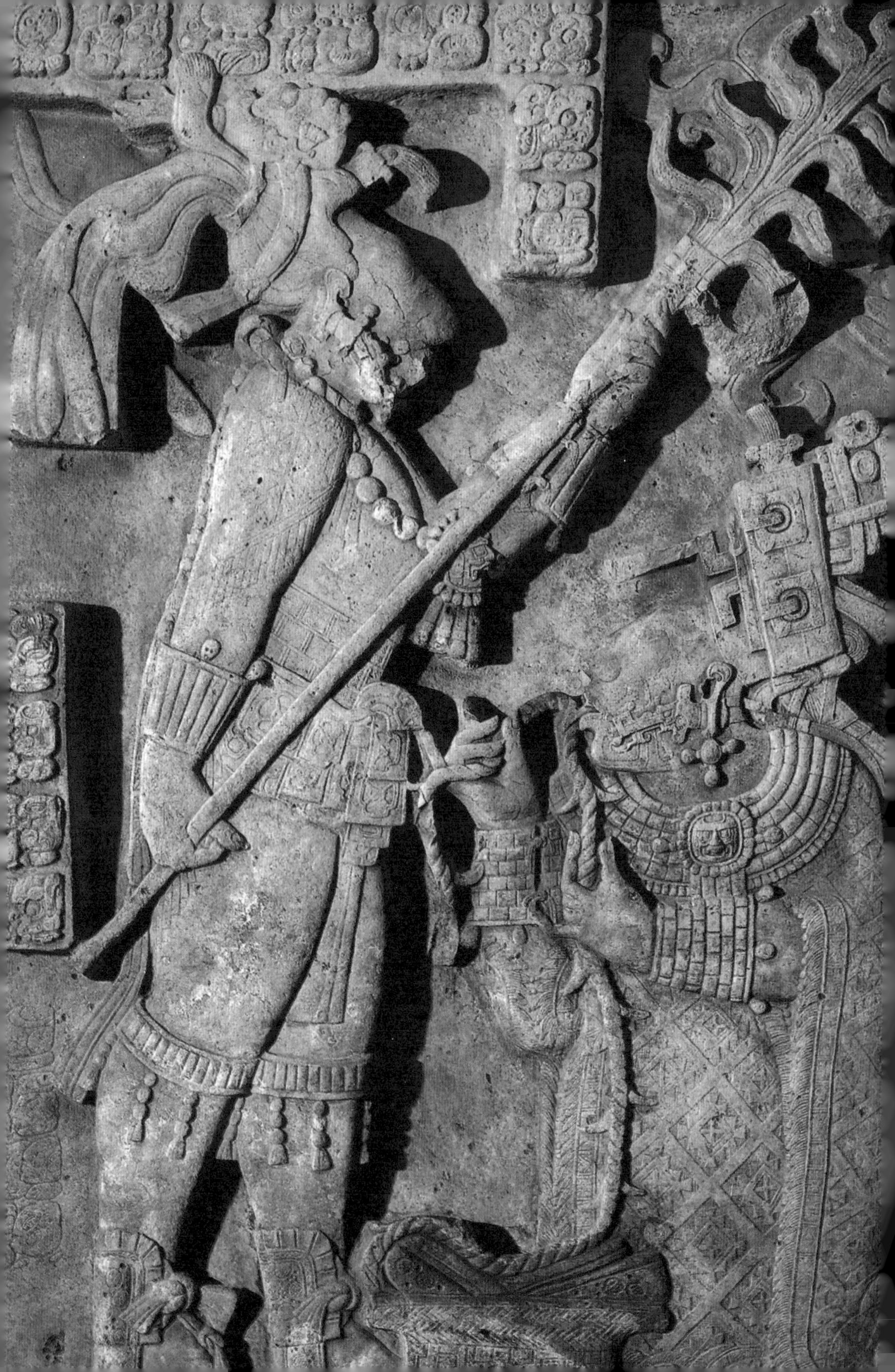

TÉMOIGNAGES ET DOCUMENTS

资料与文献

初次来访，由古观今 134

第一次见证，第一次发掘 139

破译的冒险 148

基切玛雅人之史书 159

古今玛雅 164

托尼纳的发掘 174

相关文献 178

插图目录 182

索引 190

图片版权 196

致谢 197

初次来访，由古观今

玛雅遗址的第一批访客在当时有着令人惊讶的嗅觉和直觉。尽管帕拉西奥清楚地辨认出了尤卡坦的一个民族，但哈辛托·加里多（Jacinto Garrido）修士是第一批猜测托尼纳石碑上雕刻的奇怪字符是玛雅文字标志的人之一。后来的事实证明，他是正确的。

虽然下文中选自《史学辩护绪论》的内容并不是直接的见证，但它描述了16世纪30年代一位方济各会修士在托尼纳传教的事。

托尼纳的方济各会教徒

在距离奥科辛戈镇（Ocosingo）东侧五六里格，有一座山坡，当地人称之为"阿哈里卡布"（Aharicab），意思是"统治者（主人、主、神）的手"或"手之主"。山坡上有许多座巨大的古老建筑，其中有八座高塔，雕刻精美得令人惊讶。塔身上刻着许多身穿军装的人体形象，头上戴着插了羽毛的头盔（当地人称为"morriones"），全身覆盖盔甲，用带子束着，脚上穿着的靴子直到大

太阳神吊坠和玉盘，出土于托尼纳（古典后期，600—900）。

腿中段。这种服饰和科潘雕像上的很相似，不同的是背部用带子装饰，而不是饰带。

在同一山脚下的一个大广场上，还有许多雕刻精美的石像，但服装不同：他们的头上戴着一个像帽子一样的东西，顶部有一个尖端，但没有边缘。他们的外衣就像一件袋状大衣，领口呈方形，袖子系在肘部并一直延伸到腰部以下，袖口宽度一直延伸到大腿中部；腰部有几条饰带，上面有它们的"hevillas"（当地人称呼，现今意义不明），整体雕刻得非常奇怪；脚上穿着长到腿中部的靴子。有的雕像双臂交叉在胸前，有的雕像双臂放在胸前但不交叉，也没有装饰。在建筑物中还发现了一些石盾，坚硬如燧石，直径约为 5 卡尔达[1]，表面非常平坦光滑。每一个石盾周围都有一个看起来像是旧赛克斯玛[2]的边框，周围有许多形状各异的字符或数字，哈辛托·加里多认为这些是迦勒底人所使用的字母。

许多盾牌和雕像被运到奥科辛戈镇，我在那里看到了它们。在我看来，盾牌周围的字符更多的是象形文字，而不是字母，因为每一个字符都在一个轮廓分明的小花框（Cassita）里，而且每一个花框都做得很讲究，不可能是一个简单的字母；最后，如果只是字母，每个盾牌不可能写超过一个字。其中一个石盾上刻着一个身材高大健壮的人像，他的脚和手被一根绳子捆在一起，十分巧妙地布局在盾牌的圆圈里，以至于尽管直径只有 1 瓦拉，人像的比例还是得到了尊重，轻易就能分辨出四肢。他们似乎想在这个盾牌上表明，他们战胜了一个印第安部落的一位伟大的王子或领袖，因为这个人被描绘成赤身裸体地被捆绑着，头发和印第安人一样，似乎是被暴力征服的。

——《史学辩护绪论》（*Isagoge Historico Apologetico*），1892 年

---

[1] 卡尔达（Quartas），一种古老的长度单位，其长度与掌幅（Palmo）相近，约为 21 厘米到 22 厘米。
[2] 赛克斯玛（Sexma），一种货币单位，价值相当于 4 至 5 雷亚尔（Real），雷亚尔是过去西班牙及其殖民地广泛使用的小钱币。

在一次视察中，一位殖民地高级法官发现了后来被称为科潘的遗址的废墟。这是他写给西班牙国王的信，日期为1576年，但直到1860年才得以面世。

科潘遗址

在去圣佩德罗市的路上，途经洪都拉斯省的第一个地方被称为科潘，是一个伟大文明的废墟和遗迹。这里还有宏伟的建筑，很难想象当地淳朴的居民怎么会建造出这样一种既文艺又华丽的景观。科潘坐落在美丽的河岸上，周围是广阔的田野，地理位置优越；土地质量中等，但相当肥沃，盛产野味和鱼类。

在这些废墟之间，有几座似乎是人工建造的小山，里面有许多了不起的东西。在到达小山之前，我们可以看到大墙的遗迹和一块鹰形的巨石，它的胸前刻着边长为1瓦拉的正方形，正方形内有一些字母，其含义不详。

当到达废墟时，我们注意到另一块巨人形状的石头，印第安人说这是这个圣所的守护者。一进门，就发现了一个3掌幅高的石十字架，横杠的一边断了。

再往前走，还有一些废墟，包括一些精工制作的石头，还有一尊高达4瓦拉的雕像，它被雕刻成一位穿着教皇服装的主教，戴着做工精致的冠冕，手上戴着戒指。它的旁边是一座建造完美的广场，看台类似于罗马斗兽场的看台，有些台阶多达80级；顺便说一句，某些地方铺了质量非常好的石头，而且做工非常精细。广场上有6座巨大的雕像，其中3座是手执武器的男人雕像，镶嵌着各式宝石和玻璃，雕像大腿周围有一条带子，手臂上点缀着装饰品；另外两座女性雕像穿着漂亮的长袍，梳着罗马风格的发型；最后一座雕像是一位主教，他手里拿着一个看起来像小盒子的东西。这些人物很可能是当时人们崇拜的偶像，因为在他们面前摆了一块雕刻成盆状的大石头，有一个管道，祭物的血从这里流出来，还有一个器皿，供人们在里面焚香献祭。在广场的中央有一个更大的盆，像一个圣杯，人们也会在里面集体献祭。走过广场，登上数级台阶后，便是一座高坛，那里是庆祝节日和举行仪式的地方；它似乎是被非常精心地挖掘出来的，因为在那里发现的石头都切割得很完美。在这座高坛的旁边,还有一座类似塔或土墩的建筑,脚下流淌过一条河。坛的大部分已倒塌,在其底部发现两个又深又窄的洞,这些洞开凿得很小心,无从得知它们是用来做什么的;还有一个楼梯,有许多台阶,一直延伸到河边。我尽自己所能,利用古人流传下来的逸事,去了解这里住着什么样的人,他们知道什么,听说过什么关于他们祖先的事;但我没有找到任何关于他们古代历史的书,我想除了我拥有的那本书之外,整个地区没有其他的书了。他们说,从前有一位来自尤卡坦省的大领主,他下令建造了这些建筑,几年后又回到了他的祖国,这里渐渐人烟稀少,土地荒芜。在所有的传言中,这也许是最接近现实的,因为根据集体记忆,尤卡坦省的人似乎曾经征服并吞并了阿亚哈尔、拉坎顿、韦拉帕斯(Verapaz)、奇基穆拉(Chiquimula)和科潘等省;事实上,他们在这里所说的阿帕伊语(Apay),在尤卡坦和上述省份也可使用。这些建筑艺术似乎也与西班牙人早期发现的其他地区的相同,如尤卡坦和塔巴斯科,那里有武士雕像和十字架。除了提到的地点,我们从来没有在其他任何地方发现过同样的东西——人们可能会认为是同一个民族建造了这两个地点。

科潘凝灰岩石碑,一面是"18兔"国王雕像,另一面是铭文。

资料与文献　　**137**

由于同行的一些成员身体不适，我不得不离开这些遗址返回危地马拉。归途中我经过了一些非常寒冷和崎岖的地方，那里有最大和最美丽的松树、橡树、雪松、柏树和许多其他树木。

以上就是我奉陛下之命到此访问期间认为值得一提的事情。只要陛下还愿意让我效力一二，我定当竭尽全力；尤其置身于此情此景，务必实事求是。

祈愿陛下圣体康泰，万寿无疆！1576年3月8日，敬拜于危地马拉城。

——迭戈·加西亚·德·帕拉西奥（Diego Garcia de Palacio）博士
1576年书呈西班牙国王陛下

第一次见证，第一次发掘

1839 年，美国外交官约翰·劳埃德·斯蒂芬斯和英国画家弗雷德里克·卡瑟伍德，骑着骡子穿越中美洲丛林。斯蒂芬斯深深痴迷于一座隐藏在热带雨林中的古城。"是的，"斯蒂芬斯对卡瑟伍德说，"我相信德尔·里奥的报告，我相信加林多的故事。我相信他们两个都不是编造的。"加林多、斯蒂芬斯、夏内都是敏锐的见证者、积极的探险家，也是一个正在苏醒的世界的热情观察者。

> 在给巴黎地理学会会长的一封信（1834 年）中，胡安·加林多用法语首次报告了他在科潘的发掘情况。这位业余考古学家表现出了相当专业的水平。

科潘的玛雅墓穴

在几次失败的挖掘后，我在最高的窗户与广场相通的地方又挖掘了一次。

最初我们挖到了窗口，再往下挖，发现了一个墓室，长 3 米，高 1.8 米，宽 1.6 米，墓室地板比广场低 3.6 米。根据指南针，墓室坐北朝南（在这里，指南针相比正常情况在圆盘上向东偏移了 9 度）。其中第 5 号墓穴揭露了墓室的长边结构的形状，两侧有两个高壁龛，离地 0.468 米，龛深 0.42 米，高 0.5 米，宽 0.728 米。房间是用石板铺地，地板覆盖着一层石灰，上面散落着杂乱无章的骨头碎片和大量上釉红土陶器。陶器的形状很像盘子、水盆、平底锅等，也被用来装饰壁龛。我收集了 50 多个做工精细的器皿，其中有几个装满了人骨和石灰的混合物。我还发现了一把锋利的小刀（墨西哥人称之为"itstli"），上面有一个小脑袋，似乎是一个死者的面容：他的眼睛几乎闭合，下颌下垂，嘴唇突出，枕骨扁平，镂空成壁龛状，脑后有一圈对称的孔，其用

胡安·加林多写给巴黎地理学会的信。

途不得而知。此外，我还在地下发现了两种可能用于项链的圆球或珠子，以及大量牡蛎壳和蜗牛壳，无疑是为了某种宗教活动而从海上带来的。还有一些钟乳石碎片，可能也具有同样的用途。刀柄的头颅和两个圆球都是燧石，精工制作，似乎涂了一层绿釉。整个墓室没有使用水泥，石板和其他石头都堆砌得很牢固，石板厚0.156米，边长0.26米。在D号广场的西面，台阶上矗立着一尊巨大的半身像（编号7），高1.68米，装饰的柱石与头部分开。台阶往下一点有一座巨大的怪物像，仿似蟾蜍，有着像虎爪一样的手臂。

神庙的台阶是向下倾斜的，所以当我们爬上去的时候，脚跟比脚尖高一点。每级台阶高0.321米，深0.43米。前两个从广场通往祭祀山的台阶是这样的，有些台阶有1米到1.5米高。如平面图所示，祭祀山的城墙是垂直的。山的另一边是一座3.09米高的方尖碑，西面刻着浅浮雕（编号11）。

——胡安·加林多
《关于中美洲的回忆、地图和素描》
（*Mémoires, cartes et dessins sur l'Amérique centrale*）

夏内在丛林中拍照。

在今天，谁都会使用全自动"傻瓜"照相机。然而在德西雷·夏内的时代，拍摄纪念碑或风景几乎和画画一样费力。

痛苦的热带摄影

在乌斯马尔，我遇到了无数困难：可怕的高温天气、化学物质的分解，以及各种各样的事故，几乎毁了这次探险。再加上时常夜不能寐，你们就能想象我的处境了。

我住在修女方院南翼的一个卧室。第一晚过得很棒。我把挡门的窗帘取了下来，吊床在摇摆，炎热也没那么难以忍受了。

我一个人睡在修女方院里，但印第安人一直拒绝在废墟中过夜——一想到这件事，他们就惊恐万分。安东尼奥恳求我每晚都到庄园去睡，但这会浪费很多时间，而且我很清楚他的目的，所以我让他自由行动，只要第二天一早他和印第安人都听命于我就行。他们很少违抗，管家办事很妥帖，也确保他们能准时到。有一回他们中的一个人直到八点钟才到，显然受到了最严厉的鞭打，虽然我无意如此，但从那天起他就不再迟到。由于工作繁忙，我几乎一躺在吊床上就睡得很香。

第三天，我永远失去了这样舒适的休息机会。下午四点钟左右，一场可怕的暴风雨来临。晚上的散步泡汤了，我只能坐在房间门口做些笔记。夜幕降临，我本在吊床上睡着了，但突然感到疼痛而醒了过来。这时房间里响起了翅膀的响声，我随意地举手抓了抓，就抓到一大堆又冷又扁的虫子，有一只大蟑螂那么大。太恐怖了！它们从我脸上掠过，我急忙点燃一支蜡烛，随后被我所见过的最凄凉的景象所震撼。

吊床上的虫子都因吸饱了我身上的血而变得油腻、黏糊、肿胀不堪；墙上布满了它们的同伴，似乎在等它们的朋友饱餐一顿后给它们让位。我要怎样才能摆脱这么多敌人？

我拿起一块小木板作为武器，开始"屠杀"。这是一项令人作呕的工作；战斗持续了两个小时，我毫不手软，大杀四方。最后当我看到遍地尸体时，便紧紧地关上门，试着回去睡觉。然而，两个小时后，我不得不重新起身，继续和这些飞蛾或臭虫战斗。第二天，我搬了出去，但是敌人仍穷追不舍，我的生活变成了地狱。

我忍受了8天的折磨，而这只是我的苦旅中最糟糕的经历之一。两周后，我的身上仍有着满满的刺痕。

我发现自己在工作上的精力欠佳，汗流不止，精神不振。如果这样形容：我喝了大约12升的液体——葡萄酒和酒水混合物，然后全部蒸发了，相当于蒸发了11公斤（25磅）以上的重量时，你们就会明白了。

每张照片要经过两到三次的试验，有一些非常成功的照片又因意想不到的事故而失败，而且通常是因为印第安人的好奇心——尽管我明确提出了命令，他们还是无法忍住不触碰我晾在外面的底片。正因如此，有一次，我就遇到了极大的挑战，几乎毁坏了我对最美丽的宫殿——总督府——的拍摄工作。我把这张照片留到最后，以便专心致志。由于宫殿矗立在一座金字塔上，我不得不在前面的广场上建一个3米多高的尖石堆，以便我的拍摄器材和宫殿保持同一水平。暗房安装在中间大殿里，也就是离胶片感光地点80米远的地方。因此，我不得不在所有的设备上覆盖一块湿布，把相框裹住，这样一来，在感光和来来去去的长时间里，珂罗胶就不会干掉。

因为宫殿很大，所以我决定分两部分来做，并且跑得越快越好，以便呈现更多的细节，并达到一个更引人注目的整体效果。我特地为这张照片留了一瓶珂罗胶，还有两块玻璃片——这是我能找到的仅有的玻璃片；除此之外没有其他工具了，所以我必须成功，而且两次拍摄都要成功，否则就会看到光线发生变化，照片的明暗分布也会不同。

于是我开始工作。第一张照片完美地出现了：没有污点，清晰、透明，每一个细节都完美呈现。总的来说，无可挑剔。

而第二张照片，由于一束阳光滑进了片框，玻璃片被一条黑线切割，拍摄变得更困难了。我急忙把玻璃片擦干净。珂罗胶快用完了，我小心翼翼地把它倒出来，由于知晓此前错失另一瓶珂罗胶的缘故，所以这次很容易避免失误。一切顺利！这张照片很成功，同样的色调，同样的亮度，我为自己在这样一个微妙细节上的胜利而感到自豪。

我把刚刚完成的照片放下，回头检查第一张，判断作品是否完美。我拿着照片，透过光亮处一看，竟然在玻璃后面看到一些痕迹，想用手指抹去。天哪！有人改变了玻璃片的位置，我的整只手都印在了感光面上。我意识到一切都失败了，开始咒骂不停，愤怒地环顾四周，询问是谁干的，没人说出自己的名字。我暴跳如雷，印第安人似乎都吓坏了。现在该怎么办？我把几瓶珂罗胶残留物留在修女方院里，承诺给第一个取回来的人一皮阿斯特①。

然后，这些家伙像箭一样飞奔而去，在砍伐后的树林中激烈追逐。见此情形，我作为摄影师的怒火也无从发泄了。我急忙又擦了一遍玻璃片，没过一会儿，他们就回来了。然而，在四个人中有三个获胜者，他们都给了我一瓶。我没有预料到这个结果，但不管是计谋还是偶然，我都心甘情愿地给了奖赏。所幸现在还不晚，最后一张照片虽然比不上其他照片，但至少也相当成功了。

——德西雷·夏内，《美洲的城市和废墟》，巴黎，1863 年

---

① 皮阿斯特（Piastre），一种货币名称，曾用于埃及、叙利亚、黎巴嫩及其他一些国家的货币体系。

斯蒂芬斯的《旅途见闻》是 19 世纪最畅销的探险书之一。这既是因为主题的趣味性，也是因为文笔的质量。

两位绅士的磨难

清晨，乌云仍笼罩在森林上空，日出后渐渐消散。这时，我们的工人来了。九点钟，我们离开了小屋。树枝在滴水，地面泥泞不堪。我们艰难地前进，通过这个地区主要的遗迹地带，然后被眼前的浩大工程所震惊。很快我们就得出结论：全面勘察是不可能的。向导只知道这一个地带，但我们在村子的另一边，在一里格的距离外看到了柱子，因此，我们有充分的理由相信还有其他遗迹散落在不同的方向，只是完全隐没在树林里了。这些树林是如此茂密，几乎没有进入的希望。要进行彻底的探索，唯一的办法就是砍伐整个森林，烧毁树木。这与我们目前的计划相冲突，也可能被认为是一种不适当的越权行为，最终只能选择在旱季进行……

经过多次辩论，我们选择了其中一尊雕像，并决定砍伐雕像周围的树木，让它暴露在阳光下。但仍然有一个问题：没有斧头。印第安人拥有的唯一工具是砍刀，或大弯刀，其形状因地而异；砍刀用一只手操作，对劈开树枝和灌木很有帮助，但对大树几乎没有作用。不过，印第安人确如西班牙人发现他们的时候一样，一开始奋力工作，紧接着热情减退，最后像孩子一样轻易放弃。

他们会先派一个人砍伐一棵树，一旦他累了——这是常有的事，就会坐下来休息，而另一个人则会接力。当一个人工作的时候，总有几个人在旁观。我想起来家乡森林里伐木工人的斧头总是发出规律的声音，我真希望来一些来自格林山脉（佛蒙特州的小山脉）的高大健壮的小伙子。但当我们看着印第安人拿着砍刀工作时，我们不得不歇火，甚至惊讶于他们做得这么好。最后，树木被砍伐和清理干净，雕像周围是一片空地，卡瑟伍德先生的画架被支起，他开始工作了。

我无法描述勘察这些废墟的趣味。这是一个完全未被触及的地带，没有任何书籍或指南提及，是一片完全空白的土地。我们看不见前方 9 米远以外的地方，也不知道我们会碰到什么。有一次，我们停下来清除遮盖着一座纪念碑正面的树枝和藤蔓，在四周挖掘出了一块碎片，其中有一个雕刻的边角从地面凸起。当印第安人挖掘的时候，我急不可耐地弯下腰探看：一只眼睛、一只耳朵、一只手和一只脚，都被挖出来了；当砍刀在雕刻的石头上敲出响声时，我把印第安人推开，用手扒开松散的泥土。雕塑之美，树林里庄严的寂静——时而被猿猴和飞鸟打破，整座遗迹的荒凉和笼罩着它的神秘感，这一切让我产生了一种远超在旧世界的废墟中所感受到的兴奋。几个小时后，我回到卡瑟伍德先生身边，告诉他我们有50多个要描绘的遗迹……

我们带着扶手椅（silla）只是为了防患于未然，但是当来到一个陡峭的山坡脚下，一想到要爬上去，我的头几乎要爆了，于是我第一次用到了它。这是一把又大又重的扶手椅，由木钉和树皮条组装而成。和其他人一样，那个要背着我的印第安人身材矮小，身高不超过1.7米，身体非常苗条但很匀称。他把一条树皮带子绑在扶手椅的扶手上，背靠背地蹲着，调整带子的长度，套到额头，并在额头的带子下面放了一个小垫子，以减轻压力。扶手椅的两边还有两个印第安人，把我托到搬运工身上。搬运工站起来，停驻片刻，颠动了一两次，好让我靠稳在他的肩膀上，然后开始往前走，两边始终站着两个人。这对我来说是一种极大的安慰，但我能感觉到他的一举一动，甚至是他的呼吸。这是这条路上最陡峭的山坡之一。过了几分钟，他停了下来，发出了一种印第安搬运工惯常的声音——一种强烈的嘶嘶声，我总是听着很刺耳，但从来没有觉得这么难受过。我的头是向后看的，所以我看不见他要去哪里，但我注意到向左走的印第安人在后退。为了不增加他的负担，我尽可能安静地坐着；但不久之后，我从肩膀上望过去，看到我们正接近一个超过300米深的悬崖边缘……走路，或者更确切地说，是爬上去，我们经常停下来休息，易于行走的时候便骑骡子。我们最后到达了一个茅草屋顶的棚子，我们想在那里过夜，但没有水。

我们不知道离诺帕（Nopa）还有多远——我们计划住在那里，只知道还在山顶上。对于我们所有的问题，印第安人都回答说："1里格。"我们以为山不会很高，就继续往前走。接下来的一个小时里，是一场非常惊险的攀爬，然后一个可怕的下坡开始了。此时太阳已经消失，乌云笼罩着树林，雷声在山顶上隆隆作响。当我们往下走的时候，一阵猛烈的风席卷枯叶，撼动树林，树枝弯折，树干倒塌。一场猛烈的龙卷风即将到来。此时我们已经精疲力竭，不可能走得更快了，但因害怕被飓风和暴雨困住，于是只好驱赶骡子以最快的速度前进。这是一段持续的下坡路，石头很多，非常陡峭。骡子经常停下来，不敢继续前进；在一处地方，两头备用的骡子飞奔进了茂密的树林里，不敢走山坡。幸运的是，这是我们最后一座山，也是最后一个高潮。这是我所见过的最糟糕的山，我敢说，没有一个旅行家用这么短的时间战胜过它。为了赶在暴风雨来临前到达，4 点 45 分，我们抵达了平原。这座山被乌云吞没了，暴风雨在我们头顶肆虐。我们渡过一条河，沿河穿过一片茂密的森林，来到了诺帕牧场。

这堵墙是用有雕刻的石头砌成的，建造精良，保存完好。我们爬上巨大的石阶（有的完好无损，有的被从裂缝中长出来的树木撑破），到达一个平台，但雕像被隐藏在森林里，形状无法辨别。我们的向导用砍刀开辟了一条路，我们经过半埋藏在地下的一大块雕刻精美的石头，来到一座建筑的拐角处。这座建筑的两侧都有台阶，从树木之间大概可以辨认出来，它的形状和外观与金字塔的边缘相似。我们离开它的基座，在茂密的树林里找路，偶然倒在一根方形的石柱上，石柱高约 4.27 米，宽约 0.91

半埋在树根里的一座"偶像"，今天被称为石碑 1 号（卡瑟伍德绘）。

米，从底部到顶部及四面都刻有非常立体的浮雕。正面有一个穿着奇特而富丽堂皇的人形雕像，面孔显然是一幅肖像，庄重、严酷，令人心生敬畏。背面则不同，看起来不像我们所见过的任何东西，侧面刻满了象形文字。我们的向导称它为"偶像"。在它前方 0.91 米处有一块大石头，上面也有人像和标志性的格言，他称之为祭坛。一看到这座意料之外的遗迹，我们脑海里关于美洲古文明所有的疑惑便消散如烟。它让我们坚信，我们所正在寻找的都是有意义的，不论是一个不知名民族的遗迹，抑或是艺术品，就像后来发现的历史文献一样，证明了曾经占领美洲大陆的民族并非野蛮人。

——约翰·劳埃德·斯蒂芬斯
《中美洲、恰帕斯及尤卡坦旅途见闻》，1841 年

破译的冒险

几个世纪以来，我们一直在探索，而刻在石碑和庙宇上的符号，始终"沉默无声"。在人们不懈的努力破译下，一些字形终于可以理解，但那只关于日期和历法。在过去的漫长时间里，研究者已经开发出一种基于真正的玛雅语法的破译方法，揭开了玛雅文明的神秘面纱。

考古学家找到的最有价值的玛雅珍宝，竟然是在法国国家图书馆的废纸篓里的手稿。

1859年,《佩雷斯古抄本》面世

我一直在寻找巴黎所有的公共和私人收藏的书籍和手稿，以供为新协会的成员学习研究。后来，我在不同地方获知在国家图书馆里存放有墨西哥手稿，但当时黎塞留街的大仓库里尚未建立目录，于是我不得不请求调查。哈泽和雷诺是当时的手稿室管理员，不久后，优秀的若马尔也加入了，他们想给我提供各种便利，好让我追寻踪迹。幸运的是，有一天，我在管理员办公室的柜子里发现一个旧纸盒子，它被扔在一个满是灰尘的篮子里，原本紧挨着一个壁炉，但现在壁炉被拆掉了。这个纸盒里有几份手稿——现为墨西哥手稿的一部分。

我好奇地在篮子里的一堆废纸里翻

布拉瑟尔神父破译《特洛亚诺古抄本》的样本，由莱昂·德·罗尼在他的文章《中美洲神秘文字破译论》中提出（1876年）。

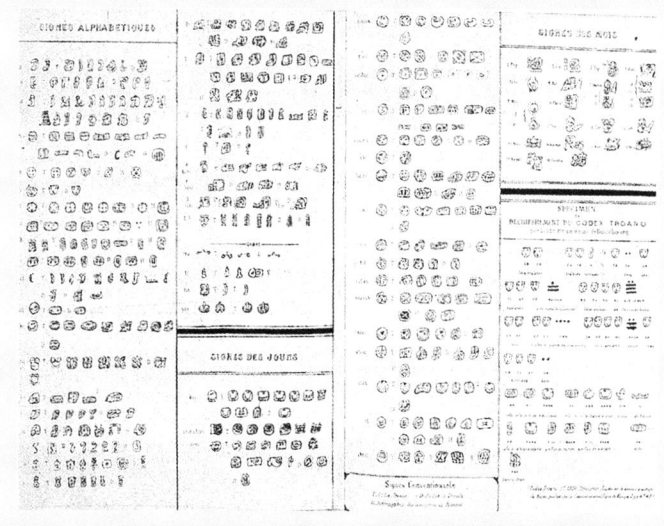

找，发现了一个几乎破碎、裹满黑色灰尘的包裹。这就是《第2号墨西哥古抄本》（Codex mexicanus n° 2），是三部玛雅古抄本中罕见的手稿之一。这份珍贵的文献立即为我所用，我抄录了几页，其中一页用水彩描摹，目前收在我父亲的一本藏书中。我仔细地检查了篮子里的所有文件，在一堆废纸中，我发现了一个撕破的小碎片，是从当时装手稿的纸袋上撕下来的。从上面可以读到一些用16世纪或17世纪的西班牙文字写的单词，我当时把它们抄了下来："que fue""o de""Perez"……

我非常荣幸能有机会请教图书馆馆长，他们向我证实了：这些话是原来藏书票上的字，"佩雷斯"（Perez）应该是原收藏者的名字。

当时许多美国学者都以佩雷斯为名，我不知道是否有可能确切地知道第2号手稿的前拥有者是谁。但是，能够以一种明确的方式指定一份文件总是有益的。这份文件被要求作为学术工作的基础，我认为它可以被命名为《佩雷斯古抄本》，作为第三份手稿。

——莱昂·德·罗尼
《中美洲神秘文字破译论》
（Essai sur le déchiffrement de l'écriture hiératique de l'Amérique centrale），1876年

资料与文献　149

今天，我们普遍使用十进制的算法。根据十进制，如果我们从右到左读到任何一个数字，每个数字的值都是前一个数字的十倍。例如 1987，7 是个位数，8 是十位数，9 是百位数，1 是千位数。

玛雅的算术和历法

玛雅人的算法系统和我们的类似，但其进位是自下而上的，每一级都是前一级的 20 倍（也就是二十进制，以 20 为基数）。这些数字是用一条值为 5 的横线（———）和一个值为 1 的点（·）写成的。因此，如果要写 1987，我们要在最低一行写一条横线和两个点（5+2=7），然后在上一行写三条横线和四个点（19×20=380），再在最高一行写四个点（4×400=1600）：

表示 400 的一行	· · · · =	1600
表示 20 的一行	· · · · = ——— ——— ———	380
表示 1 的一行	· · =	7
合计		1987

数字也可以用人头形的字符来表示。

玛雅历法使用各种独立的周期，其中最重要的是：

一、"卓尔金"（tzolkin）历，即祭祀历或卜卦历，日期由一个数字（从 1 到 13）和一个日子名称（共 20 个）组合而成。这个周期在 260 天（13×20）后完成，即当同一个日子名称和同一个数字再次相遇时。

二、"哈布"（haab）历，也被称为短年历（因为它比太阳年的 365.25 天少四分之一日）。一哈布有 365 天，分为 18 个月，每个月 20 天，以及一年结尾时只有 5 天的短暂"尾月"。

三、"大周期"，共有 5200 盾，包括玛雅人的整个历史，周期的起点对应公元前 3114 年 8 月 13 日。在这个大周期中，包含自该日起已过去的伯克盾、卡盾、盾、乌纳和金。在玛雅人所采用的算法系统中，一个日期的写法

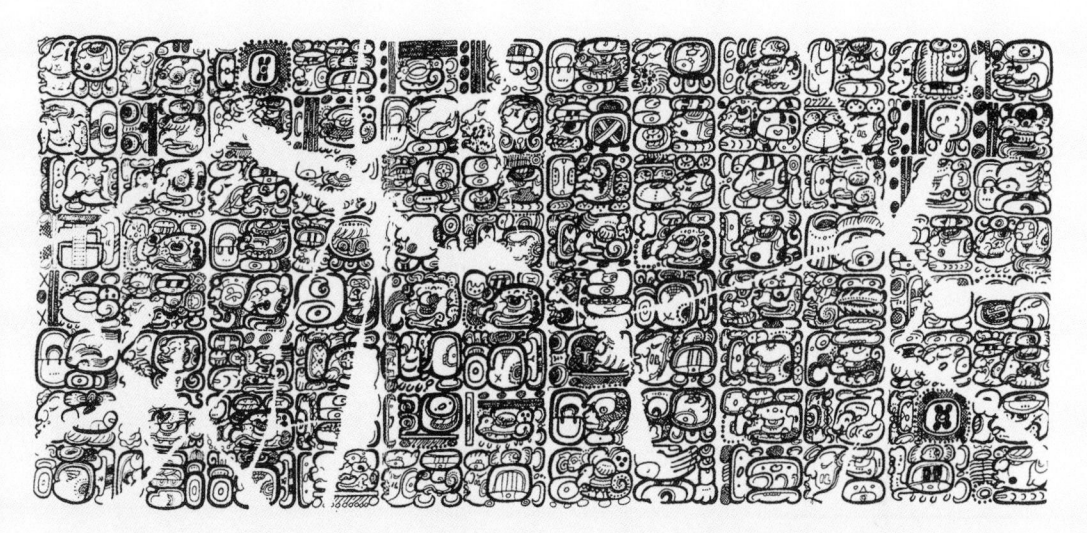

"96字符匾"描述了帕伦克四位国王的更迭。这段碑文几乎有一半的文字是有关历法的记载。

可举例为：9.13.17.15.12 5 eb 15 mac，即 9 个伯克盾、13 个卡盾、17 个盾、15 个乌纳和 12 个金，5 "艾勃"（eb）是卓尔金历的日期，15 "马喀"（mac）是短年历的日期。

——克劳德·鲍德斯，1987 年

这块石牌是一个响牌，是国王服饰的一部分，看起来像玛雅石碑，同时呈现了一个图像和一个象形文字铭文，对今天的玛雅文明研究者来说，都很好理解。

莱顿石牌

莱顿石牌以半透明的浅绿色玉石雕刻而成，是挂在国王的面具腰带上的响牌之一。石牌正面经过精心打磨，雕刻了一位玛雅国王登基时的肖像。他

资料与文献　**151**

戴着国王的象征物，手持一根双头蛇权杖，在他身后的脚下有一个等待祭祀的人牲。

石牌雕刻工艺精良，是古典时期风格的典范。这个图像充满了与王室有关的符号。君主身体挺直，侧着头，肩膀朝向正面，双腿侧转但分开站立，这使得脚踝装饰的细节清晰可见。在古典时期艺术中，象征性的暗示手法显然优先于对人形的写实处理。石牌背面有铭文，上面写着日期、活动和人物身份。

国王露出他的侧脸，但肩膀转向正面，以便清楚地展示他所佩戴和持有的一切。我们可以看到他肩膀后的盔甲突出，脖子上围着一条大项链，项链前系着一颗人头，腰带上挂着一个掌管地府的美洲豹之神的面具。腰带下面是一条边缘镶满珍珠和流苏的布裙，顶部缀有交叉的带子、圆盘，右侧的一个面具和一组响牌，一根华丽的带子垂落到膝盖。国王的手腕上有袖饰，脚踝上有由皮条制成的装饰品，固定在玉盘上。他所穿的凉鞋的风格正是当时的特色。

看似挂在腰带后面的人头面具实际上是被移位了，使之露出完整的侧面，而不只是四分之一。一条链子将腰带连接到一个蛇头，蛇头上挂着玉器。头饰和腰带一样，是服饰必不可少的一部分。头饰位于一顶圆帽盔上，帽檐镶着玉珠，

莱顿石牌（正面）。

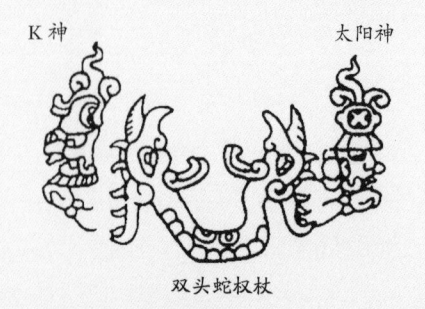

K神　　　　　　　　　太阳神

双头蛇权杖

莱顿石牌正面图解。

152　玛雅：失落的文明

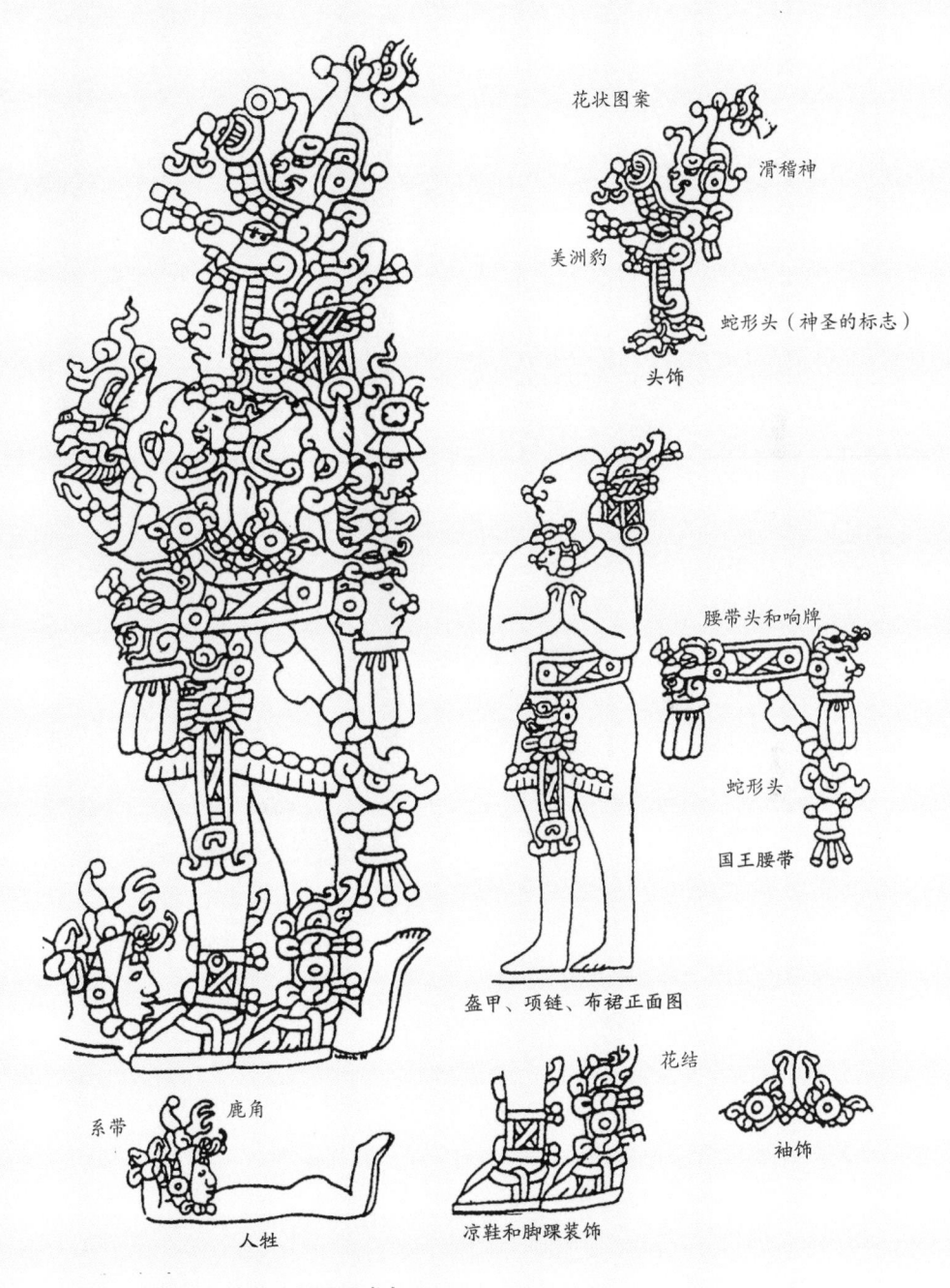

花状图案

滑稽神

美洲豹

蛇形头（神圣的标志）

头饰

腰带头和响牌

蛇形头

国王腰带

盔甲、项链、布裙正面图

花结

袖饰

系带　鹿角

人牲

凉鞋和脚踝装饰

以上各图是莱顿石牌正面图的组成部分。

资料与文献　153

国王的面部两侧有从头饰上垂落下来的带子，是为了减轻系在耳垂上的大玉器的重量。帽盔顶部是一个美洲豹头，刻画得相当逼真，但鼻饰突出在嘴前。豹头上有一根带子，顶部是花卉图案，也许是一朵牵牛花。

国王把双头蛇权杖捧在胸前，这是玛雅国王最显赫的标志。这种握权杖的方式已经成为传统。权杖的两个蛇头或由一根直杆连接，或由一条蛇身连接；神从蛇张开的嘴巴里出来，为国王加冕：位于国王右边的是 K 神，左边的是太阳神。

在国王脚后，我们可以看到一个被捆绑的俘虏趴在地上，似乎在为他即将被献祭而挣扎。他头上有一个阿豪装饰，表明他是一位领主；耳上戴着一个大饰品，脸上包着一条围巾。

石牌背面的上面几个字符表明了莱顿石牌的日期：8.14.3.1.12 1 eb 0 yaxkin，也就是公元 320 年 9 月 17 日。活动和国王通过最下面的五个字符记载。

第一个字符是该系列字符的序图，表示大周期中的一个日子的到来。其主要标志是一面鼓，读作"盾"，其上头像是太阳神，即"亚克斯金"（yaxkin）月——登基日期所在的月份——的守护神。下面的五个字符包括大小周期的数字。这里有一个例外，即伯克盾和卡盾

莱顿石牌（背面）。

莱顿石牌背面图解。

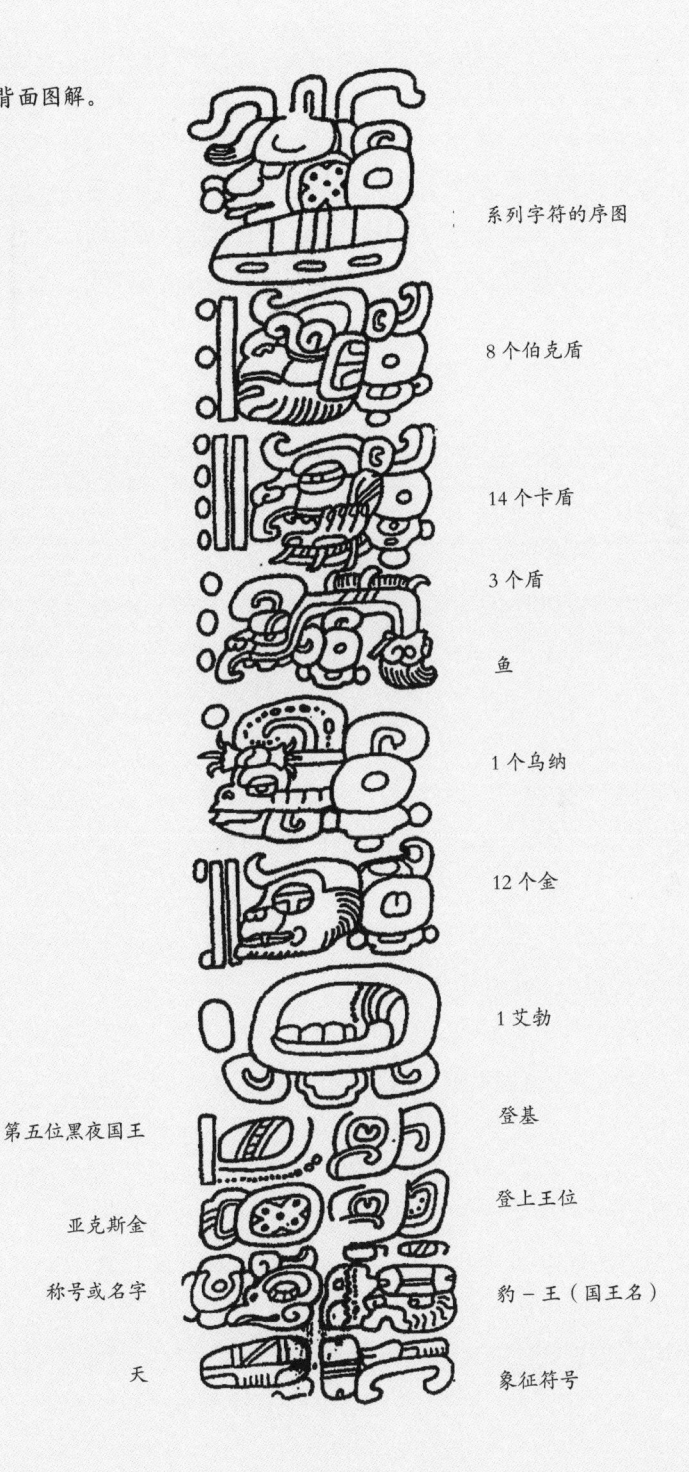

系列字符的序图

8个伯克盾

14个卡盾

3个盾

鱼

1个乌纳

12个金

1艾勃

第五位黑夜国王　　登基

亚克斯金　　登上王位

称号或名字　　豹－王（国王名）

天　　象征符号

资料与文献　155

的字符是颠倒的。第一个数字 8（用一条横线表示 5，用三个点表示 3），后面跟着象征卡盾的鸟，写为"8 个伯克盾"。第二个字符包括数字 14 和象征伯克盾的鸟头，写为"14 个卡盾"。第三个字符由数字 3 和象征盾的神像组成，写为"3 个盾"。这个盾的字符很是奇妙：它是一条龙鱼，头上有一个水波纹状的蜗壳，脊椎上有一个鳍，还有一条鱼在咬它的尾巴。从图像看来，它可能是睡莲鱼怪。

从玛雅历法的零年开始算至此，前面三个字符所表示的 8 个 400 年（3200 年）、14 个 20 年（280 年）和 3 年，共计为 3483 年。但我们要记住，玛雅历法中一年只有 360 天。

下面的两个字符表示下一年已过去的月和日。这让那些习惯公元历法的人感到困惑；事实上，对我们来说，第一年元旦的第二天是公元 1 年的 1 月 2 日。我们不像玛雅人，没有零年。他们的计算方法大概和我们计算年龄的方式一样：孩子出生一年后才算 1 岁。莱顿石牌记录的那个时代已过去了 3483 年，随后一年又过去了一个月又 12 天，那么莱顿石牌上的日期应当是玛雅时代第 3484 年的第 32 天。

表示乌纳和金的字符值得留意：乌纳的标志是一只头上有裸露的水波纹蜗壳的蟾蜍怪物；金的标志是一只吼猴，也就是海青（Hun Chuen），是书写的守护神。

因此，莱顿石牌的前六个字符表示自零年以来经过的时间。后四个字符告诉我们这个日子在短年中是如何称呼的。第七个字符写的是零年后的 8.14.3.1.12，这一日正是卓尔金历（一年 260 天）中的艾勃日。第八个字符指出，这一天是九位黑夜国王中的第五个在位。这一天是哈布历（一年 365 天）的第 120 天，也是"许耳"月（xul，哈布历 18 个月中的一个）的第 20 天。在这个例子中，史官选择把这一天称为"亚克斯金登基日"，亚克斯金是下一个月的名字。第八个字符代表"登基"，第九个字符即表示"亚克斯金"。

总之，历法信息告诉我们，亚克斯金的守护神在位后，从零年开始，已经过去了 8 个伯克盾、14 个卡盾、3 个盾、1 个乌纳和 12 个金；这一天是卓尔金历的艾勃日；第五位黑夜国王在位；这一天是在哈布历的亚克斯金月。为了更容易理解，我们还是使用自己的数字。我们将这一天写为：

在蒂卡尔,从北卫城看到的第一号神庙、中央卫城和石碑。

8.14.3.1.12 1 eb G5 0 yaxkin。在我们的历法中,这一天是一周(7天)周期中的星期五,太阳年里的 9 月 17 日,公元 320 年,也就是公元 320 年 9 月 17

资料与文献　　157

日星期五。

最后五个字符代表活动和活动的主角。第一个动作的意思是"他已经登上（王位）"，说明正面刻的是国王登基的场景。第二个字符表示此人所继任的职位或其姓名的一部分。第三、四个字符，一个是半披着美洲豹皮的阿豪（国王）符号，一个是尚未被破译的头形符号，后面跟着一个天空（chaan）符号。根据已破译的部分，这位新国王可以暂时被命名为"豹-王-天"（Balam-Ahau-Chaan）。最后一个字符可以在蒂卡尔第4号石碑（日期晚于莱顿石牌59年）上、通常发现象征符号的地方找到。由于第4号石碑的出处毋庸置疑，因此，莱顿石牌上相同的字符看似说明这块石牌同样是在蒂卡尔制造的。然而，据蒂卡尔的碑文记载，一位名叫"美洲豹爪"的国王曾统治过这座城市，在莱顿石牌记载年代的前3年和后56年间。如果这两个名字指的是同一个人，那么我们就可以得出结论：在这个国王登基之时，统治着蒂卡尔的另有其人，而莱顿石牌则来自另一座城市。

——琳达·谢尔（Linda Schele），玛丽·E. 米勒（Mary E. Miller），
《国王的血统》（*The Blood of Kings*），1986年

基切玛雅人之史书

基切玛雅人在危地马拉和洪都拉斯的高原上生活了几个世纪，《波波尔·乌》或"史书"，是基切玛雅人代代流传的神话和传统故事集。17世纪，在西班牙方济各会修士和基切玛雅人的相遇之下，《波波尔·乌》被译成了拉丁文，为世人所知。

布拉瑟尔神父通过出版基切语和法语译本来宣传这一本书。

现在我们来讲讲胡纳赫普（Hunapu）和希巴兰克（Xbalanque）的诞生。且听我细细道来。

他们出生的那一天，有一名为"血娘子"的妇女临盆了。生产时祖母不在，两个孩子就这样突然呱呱坠地，一个叫胡纳赫普，一个叫希巴兰克。他们在山里出生，之后才回到家中，但是他俩不睡觉。

"把他们赶出去！真是太吵了。"祖母说。

于是，两个孩子被放到了一个蚂蚁窝上，在那里他们睡得很香；然后他们又被带走，放在了荆棘里。而这正是他们的哥哥海巴茨（Hun Batz）和海青（Hun Chuen）的所做所想：让他们死在蚂蚁窝上，或死在荆棘里。海巴茨和海青心眼坏，善嫉妒。他们不让弟弟们进屋，装作不认识一样，但这两个孩子却在山里活了下来。

海巴茨和海青都是优秀的长笛手和歌手，他们年轻的时候经历过很多挫折和磨难，费了很大工夫才渐渐通晓事理。正因如此，他们不仅是长笛手、歌手，也成了作家、雕塑家。无论什么，他们都做得很好。他们天赋异禀，是父亲的优秀继承者——他们父亲去了西巴尔巴（Xibalba，阴间），已经过世了。

海巴茨和海青都很明白事理，当他们的小弟弟们出生时，他们心中嫉妒，却仍然保持了沉默。他们将心中怒气发泄在自己的身上，却也没有造成

资料与文献　　159

太大的伤害。看见胡纳赫普和希巴兰克每天带着吹管出门打猎，他们就放下心来。胡纳赫普和希巴兰克两个都不受祖母的疼爱，也不受海巴茨和海青的欢迎，因此，他们没有饭吃，或者饭菜已经做好了，但是没等他们赶到，海巴茨和海青就已经吃完了。

但胡纳赫普和希巴兰克并没有恼羞成怒：他们知道发生了什么，就像白天看东西一清二楚一样，即使他们明白自己的处境，也依旧装作无事发生。所以每天回家的时候，他们都把打猎收获的鸟带回来，而海巴茨和海青全给吃了，一点儿也不给他们留。海巴茨和海青天天都在吹笛子和唱歌，但有一回，胡纳赫普和希巴兰克回来的时候没有带回猎物，给祖母气得满脸通红。

"你们为什么不带鸟回来？"祖母问他们。

"有很多鸟，亲爱的祖母，但是我们的鸟被挂在树上了，"他们说，"没有办法爬上去抓。所以，亲爱的祖母，我们希望请我们的哥哥和我们一起去抓鸟。"

"好吧，我们会和你一起到树上去抓。"哥哥们说。

胡纳赫普和希巴兰克感觉胜利在望，因为他们一直想予以还击。"我们几句话就能改变他们的人生。希望如此吧，因为他们给我们带来太多痛苦了。我们是他们的弟弟，他们却希望我们死掉。他们想要我们在这里做他们的奴隶，我们照样也可以在那里打败他们。"

神与灵兽同舟之旅，刻在蒂卡尔出土的一块骨头上。目前还没有找到有关的神话内容。

然后他们和哥哥们一起来到了一棵黄木树下。他们一到那里就开始射击，树上有无数的鸟儿在鸣叫，哥哥们看到鸟儿都很惊讶，但这些鸟都没有从树上掉下来。

"我们的鸟都不掉下来，"他们对哥哥们说，"你们可以上去把它们打掉吗？"

"好的。"两位哥哥应声道，然后爬上了树，与此同时树开始生长，树干越变越粗。

这时，哥哥们想从树上下来，但就是下不来……他们在树上朝下喊道："我们怎样才能下来？你们——我们的弟弟们——可怜可怜我们吧！现在这棵树看起来很可怕，我们亲爱的小兄弟们。"

然后胡纳赫普和希巴兰克对他们说："解开你们的腰带，用长脚趾把它系在你们的屁股上，像尾巴一样拖在身后，这样你们就可以更轻易地移动了。"

"好的。"他们说。

他们把腰带的末端拖了下来，然而突然之间，这些末端变成了尾巴。他们看起来像猴子一样。

后来，他们在大大小小的树林里攀爬、穿梭，时而啼叫，时而沉默地站在树枝下。就这样，胡纳赫普和希巴兰克用自己的智慧，将海巴茨和海青击败了。

当胡纳赫普和希巴兰克回到家，找到他们的祖母和母亲时，他们说："我们亲爱的祖母，我们的哥哥们出事了。他们自己觉得很羞耻，他们现在就像野兽一样。"

"如果你们对你们的哥哥做了什么，那就是把我打晕，踩我的头。我恳求你们，不要做任何伤害你们的哥哥的事情，我亲爱的孙子们。"祖母对胡纳赫普和希巴兰克说。

然后他们对祖母说："别难过，亲爱的祖母。您会看到我们的哥哥的，他们会回来的，但这将是对您的一道考验。亲爱的祖母，当看到他们的真面目时，您能不能别发笑？"

于是他们开始奏乐。当他们拿起长笛和鼓时，他们的祖母就坐在他们旁边，然后他们唱歌，吹长笛，击鼓，乐声震动山林，这首歌因此而得名——《胡纳赫普·巴茨》（*Hunapu Batz*）。

海巴茨和海青回来了，他们跳着舞来了。当祖母抬起头来，看到的是他们丑陋的脸。她忍不住哈哈大笑，于是他们立刻又走了，回到了遥远高大的森林里。

"您为什么要这么做，我们亲爱的祖母？我们总共可以试四次，现在只剩下三次了。我们要用笛音和歌声召唤他们，请您不要笑。我们再试一次。"胡纳赫普和希巴兰克说。

这个敞开的大碗上画着一只蜘蛛猴，是艺术家和文人的守护神。

然后他们又演奏起来。海巴茨和海青又回来了，他们依然在跳舞，再次来到院子中央。和之前一样，他们看起来很滑稽——他们瘦小的小玩意儿垂在肚子下，尾巴在胸前扭动。这又一次激起了祖母的笑声。

他们回来了，但祖母没忍住嘲笑，于是他们又回山里去了。"天哪，您为什么要这么做，我们亲爱的祖母？我们现在来尝试第三次。"胡纳赫普和希巴兰克说。

他们吹起长笛，那两个人再次跳着舞过来，但他们的祖母忍住没有笑。

然后海巴茨和海青开始爬上房屋，穿过整个房子。他们的嘴唇薄而红，毫无表情，皱着嘴巴，擦擦嘴又擦擦脸，然后又猛地抓挠自己。当祖母再次看向他们时，她又笑了起来，他们又一次因为祖母而离开了。

"尽管如此，我们亲爱的祖母，我们还是会继续召唤他们。"两个弟弟第四次用笛声吸引，但海巴茨和海青再也没有回来⋯⋯

——《波波尔·乌》，丹尼斯·特德洛克（Dennis Tedlock）译，
巴黎，1861 年

古今玛雅

玛雅研究的魅力之一在于，他们过去的异教文化和现今的文化之间的矛盾，其演变是一以贯之、有迹可循的。对如今的埃及农民来说，过去已毫无意义，埃及伟大神祇的名字（拉、伊西斯、阿匹斯）只偶尔出现在猜字游戏中。相反，今天的玛雅人保留了他们大部分古老的习俗，仍记得关于创造世界的古老传说和古代神人的事迹。他们在祷告中，既希冀古代神人的福荫，也祈求天主教圣徒的庇佑。

今天生活在墨西哥最南端恰帕斯森林里的印第安人，被称为拉坎顿人，是后古典时期低地玛雅文化的最后代表，目前正濒临灭绝。他们的祖先来自佩滕（危地马拉森林），在殖民时期沿着拉派辛河（Rios de La Pasión）和乌苏马辛塔河，直到18世纪末才进入恰帕斯。

神灵之所

众所周知，恰帕斯和佩滕的森林中散落着寺庙、金字塔、石碑等遗迹，这是古代玛雅人在古典时期（250—900）所建造的。拉坎顿人相信这些建筑是超自然生物——"神"（k'uh）的作品。神灵们曾经生活在这里，他们的居所今日仍然可见。神灵的居所与"真正的人"的住所很像，但人眼看不到神灵居所的棕榈树顶，看到的是石头。拉坎顿印第安人崇拜的不仅仅是废墟。湖边的巨石，以及之前占领恰帕斯森林的部落用作殓葬和藏骨的洞穴，对他们来说也是神圣的。拉坎顿人说，散落在洞穴地面上的尸骨（因为坟墓已经被破坏、亵渎了）是那些曾经假装死亡的神灵的遗骸，他们的灵魂已经进入了洞穴深处。至于住在亚斯奇兰的神，他们升天了。然后，凡人开始通过陶土香炉与神灵交流。

"神灵之所"（u y-atöch k'uh）一词指的是神庙（存放香炉的小屋，大多数宗教仪式都在那里举行），还有废墟、岩石和洞穴——这些地方曾经居住着神灵，人们过去常去那里朝拜。

拉坎顿印第安人的仪式习俗受到各种前科尔特斯时期宗教传统的启发。公元9世纪，古典玛雅文明衰落后，在大灾变中幸存下来的森林部落（或该地区的新来者）继续造访废弃的信仰中心，并在那里举行简单的祭礼。考古学家帕特里克·卡伯特（Patrick Culbert）告诉我们，在蒂卡尔，在主持过焚香仪式的大祭司去世很久之后，人们还会在寺庙里举行香祭。但他指出，相对于祭坛，一些石碑的位置显得杂乱无章，这表明这些"石头崇拜者"对他们已经成神的先人的仪式之深奥与隆重不甚明白，他们已经成神（卡伯特，1974年）。20世纪初，阿尔弗雷德·托泽（Alfred Tozzer）在一座寺庙——岑达勒城（Tzendales）遗址——内的石碑前发现了五个拉坎顿香炉。他注意到这块石头是从外面运来的，放在房间后面的墙上，房间的墙壁和天花板都被烟熏黑了（托泽，1907年）。对破败庙宇的焚香和朝拜，是后古典时期低地（尤卡坦半岛、佩滕半岛、恰帕斯森林）玛雅宗教仪式的典型特征。这种前哥伦布时期的文化

玛雅潘：雨雷之神"查克"，陶制雕塑。

资料与文献 **165**

特征仍然存在于哈赫·维尼克部落中，他们没有放弃他们的传统宗教。

至于使用洞穴进行祭祀、朝拜和墓葬的做法，"可以追溯到前古典中期，并一直延续到古典后期（前600—900）"（卡罗，1982年）。如今，恰帕斯和危地马拉高地的印第安人仍然朝拜洞穴。

我说过，"神灵之所"一词既指存放香炉的小屋（神庙），也指一个神灵家族的灵魂所在的岩石或洞穴。香炉和神仙洞穴有什么关系呢？首先，我将描述我在1974年和1979年参观过的神仙洞穴的一般特征。可以肯定的是，它们最初是墓地（此后多次被破坏、亵渎）。在洞口有一个叫作"坟墓"（u mukulan）的石丘，四处散落的骨头（头骨、下颌骨、股骨）很可能是从那里而来。

遗骸中可能有供品，但无疑已被偷走。除了一些陶器碎片，找不到什么墓葬品。此外，洞穴的地面上到处都是拉坎顿人供奉给神灵的陶器和葫芦，还有废弃的旧香炉。在洞穴底部，岩壁处矗立着男神和女神（他的妻子）的石头祭坛，他们是洞穴和附近湖泊的主人。男神的祭台比他妻子的祭台高。要猜测这些石头的原始形状是不可能的，因为它们完全被烟灰和烧焦的柯巴树脂所覆盖。祭台上有一圈小鹅卵石，被用树脂粘在一起，"真正的人"便在里面焚香。当他们决定为他们所祈祷的神做一个香炉时，他们就会拿这里面

1882年，一群拉坎顿人，五男两女。

166　玛雅：失落的文明

的一些石头，把它们带回家，放在陶罐（u-lä-ki kuh，神罐）的底部，便可用作香炉。这座香炉形似人头，其下唇突出，以便放置祭品。往后，人们将能够通过香炉中的圣石与神灵沟通。在仪式中，神的灵魂下来坐在那里（这些遗物的名字由此而来），而人们将在香炉上燃烧柯巴树脂。

我们在其他地方介绍了哈赫·维尼克族神话的完整版本，与其现存于世的版本一致（博尔曼斯，1986年）。关于世界末日的想象，它通常是从日食开始的：日食使森林陷入一片漆黑，而无论人们如何向神乞求，在香炉里燃烧柯巴树脂，他们都无法阻止来自地府的美洲豹的追逐和吞噬。

童男童女被带到亚斯奇兰，在那里造物主暨主神哈恰金（Hachäkyum）将他们斩首。众神用他们的鲜血粉刷他们的家园。值得注意的是，在某些宗教仪式中，拉坎顿人用红木树脂（Bixa orellana）做染料涂抹他们的脸、外衣、香炉和神庙的柱子。这就是为什么他们说："人的血是众神的红木树脂。"这则神话把神描绘得嗜血无比，他们陶醉在人血的气味中；它唤起了后古典时期玛雅人所做的人祭。在世界末日，人牲的灵魂被送到宇宙的最高处，那里总是一片漆黑。

哈赫·维尼克人相信，当今世界的末日即将来临。事实上，许多拉坎顿家庭已经皈依基督教，这样，当世界末日来临的时候，他们的灵魂就可以"与耶稣同在"上天堂，而不是永远忍受黑暗、恐惧和寒冷。

——迪迪埃·博尔斯曼（Didier Boremanse），
《真正的人》（*Les Vrais Hommes*），1986

J. 埃里克·S. 汤普森（J. Eric S. Thompson）是一位杰出的英国考古学家和金石学家，他在玛雅历法和玛雅文字方面均贡献了许多发现。此外，他也对印第安人的社会和宗教生活有着浓厚的兴趣，并在研究过程中与印第安人交往密切。他一直坚持将考古学与历史和民族志联系起来是必要的。

穿着节日服装的尤卡坦省印第安妇女。

玛雅人的祈祷词

当我在圣安东尼奥（San Antonio）时，我雇了几个当地人到山牛（Vache de Montagne）遗址进行挖掘工作，收集了一系列的祈祷词。这些祈祷词的内容是关于每年的农业活动，包括砍伐森林、焚烧灌木丛和播种。一般典型的祈祷发生在为开垦农田而砍伐森林之前，或者是在一个月或更长时间之后，当砍伐的灌木丛被烧毁时，向风神祈祷。强风是必不可少的，因为如果枯木不能很好地燃烧，第二次燃烧就会更加困难。

神啊！我的父亲，我的母亲，神圣的乌兹·呼克（Huitz-Hok），山丘和山谷的守护神，森林的守护神，请耐心听我说。我一如既往地在做这件事。我现在向您献上我的供品，好叫您知道我违背了您的善意，但也许您会受苦，我要伤害您，我要耕种您，使自己存活。但我祈求：没有野兽跟随我，没有毒蛇，没有蝎子，没有大黄蜂；我祈祷没有一棵树突然倒在我身上，没有斧头，也没有弯刀把我砍伤。我要全心全意地为您工作。

神啊！神圣的风，现在我希望您为我工作。您在哪里？您是红风，是白风，还是旋风？我不知道您在哪里——在天涯，在群山，在深谷。现在，我希望您在我耕作的地方全力以赴。

在第一则祈祷词中，"我要伤害您"这句话强调玛雅人意识到，当他砍伐森林时，他会损坏地表，会冒犯大地之神乌兹·呼克，以及山丘和山谷之神——相当于莫潘人（mopan）的楚尔达加神（Tzultacah）。另外一则祈祷词是将砍伐树林比作对神的面容的损害。有人说，原始部落常常忽视大自然之美，但有时我想知道这是否真的正确。在这种情况下，人们可以争辩说，开垦田地的人只是在为他即将在土地神身上所做的损伤而道歉。但我认为，除此之外，他还为他给美好事物带来的伤痕而道歉。在一座森林中，每一棵树木，每一株藤蔓植物，每一朵鲜花，都有它的名字和功能，而人们让它们变为遍地褐色的枯叶和光秃秃的树干。他们很清楚，这是在毁灭美丽。

隐喻

玛雅语是一门生动的语言，有着很多巧妙的隐喻。例如适婚的女孩或男孩，被称为"开花的玉米"；赶走一个多管闲事的人，可以说"你为什么穿一条不属于你的缠腰布？"；发光的火炬被称为"火花"；形容数量无限，可以说"比鹿身上的毛还多"；一个人在谈到他父亲的死时，会说"父亲的骨头已堆积如山"；一个精明的商人有一个"突出的鼻子"（参见我们在商业中的表达"有天赋"）。在这一点上，有趣的是，玛雅商业之神有一个像匹诺曹一样的鼻子，无独有偶，阿兹特克商业之神的名字也是"尖鼻子神"。还有，老年人被称为"强大的岩石"；无情汉是"有着一张树干脸的人"；当有人忘记了他想说的话时，是因为"蝙蝠带走了他的故事"。

注意用词可以减少不良影响。如果你被蚂蚁蜇了，就说"一片干枯的叶子扎了我"，因为如果你承认那是蚂蚁蜇的，你的疼痛就会持续好几天。对臭鼬气味的心理排斥反应，可以通过忽略臭鼬这个词来消除，比如"奶奶烤的南瓜籽的香气是多么甜美"。这句话就像是从一本法语初级手册抑或是《论语》里摘录的。同样奇怪的是，我们把南瓜的种子和瓜瓢扔掉，而玛雅人却

资料与文献　169

认为它们很可口。玛雅人理解爱的悲伤，因为"亚依"（yail）这个词既意味着爱，也意味着痛苦。

有时了解这些术语有助于解释玛雅艺术的符号。例如，在玛雅雕塑中，斧头的斧刃有时可以延伸至类似玉米的植物。也许可以在"楚克"（tzuc）一词中找到解释，"楚克"一词指的是玉米穗、马的鬃毛和斧头的斧刃。

今天的玛雅人保留了他们祖先的一些行为习惯。在索科兹（Socotz）村，我注意到，当孩子们走进一间小屋向他们的父母或其他成年人问好，或者在傍晚向他们的父母或其他成年人道晚安时，他们会两腿并立，双臂交叉在胸前，指尖放在前臂下。同样的姿势可以在古代玛雅雕塑和有装饰的容器上找到，我认为这是地位相对低微的人物的姿势。

——J. 埃里克·S. 汤普森，
《玛雅考古学家》（*Maya Archaeologist*），1963 年

里卡多·波萨斯·阿西涅加斯（Ricardo Pozas Arciniegas）的书，讲述了一个玛雅人的社会生活，反映了一种土著群体的

佐齐尔（Tzotzil）印第安人。

文化。由于其他文明的入侵，这种文化正在发生变化。查穆拉印第安部落有 16000 多人口，当地语言为佐齐尔语。他们生活在恰帕斯省中央地区印第安村领地附近，还有一些居住在圣克里斯托瓦尔（San Cristobal）高地的山坡上，靠近拉斯卡萨斯城（Ciudad las Casas）。查穆拉是中心。本书最早的西班牙文版在 1952 年出版，但主角胡安·佩雷斯·乔洛特的故事发生在 1910 年至 1920 年之间。

我祖先的土地位于库楚姆蒂克（Cuchulmtic）地区的大村庄（查穆拉）附近。我出生时的房子一直没有变。父亲去世后，我们把他的遗产分摊了。弟兄们把房梁和墙都搬走了，而我在同一个地方重建了房子，有新的稻草屋顶和干泥墙。我把放牧的羊群赶到了花园里，以便在土壤中施肥……一切都和我小时候的经历相似，什么都没变。当我死了，我的灵魂回来的时候，它会找到我走过的路，认出我的家。

父亲去世后

在房屋院子里，妇女们正在碾玉米，其他人在宰杀母鸡，款待那些来参加葬礼的人。我的妈妈缝补了父亲的衣服和"查莫罗"（Chamarros，长方形羊毛织物，是用征服前的织布机织成的，中间有一个纵向的开口，方便穿着），好让他远行。（根据查穆拉人的说法，死者必须走很远的路，穿过一个有狗出没的湖，骑在其中一条狗的背上，抵达彼岸。）

他们摆了一张桌子，好让父亲"吃饭"。鸡肉放一个盘子，玉米饼放一个盘子，盐放一个碟子。等父亲"吃"完，我们才开始吃。

太阳下山，我们就出发了。当人死去的时候，他们的灵魂会在旅途中疲惫不堪，必须补充大量水分。每次我们停下来休息的时候，姑姑玛丽亚·佩雷斯·乔洛特都会给父亲"喝水"：掀开棺盖，用一片月桂叶蘸葫芦里的水，往嘴上洒三下。

当我们到达墓地时，我的叔叔马科斯拿起我装食物的网袋，取出放葫芦的小篮子，拿出准备好的食物，开始数数——一共有 12 个玉米饼和 3 份波

恰帕斯一个村庄的佐齐尔印第安人的集会。

佐尔（pozol，玉米饮料）。他打开棺盖，掀开父亲的查莫罗，把食物放在身体右侧，然后说："这是为你的远行准备的，它是你的，好好保管，别被偷了。"然后他数了数小篮子里的三个比索（peso，墨西哥、阿根廷、哥伦比亚等地使用的货币），把它们放在父亲的衬衫里，说："这给你买甘蔗汁、柠檬和香蕉，还有食物。你可以买你想要的东西。"

我们来到墓地的大十字架前，放下棺材，接着点燃了一支蜡烛，所有女人都围着棺材哭泣，而男人则在帮忙挖坑。

再过几分钟，太阳（Chultotic）就会进入亡灵王国（Olontic）。在太阳进去之前，我们不能埋葬死者，否则他们的灵魂就会留在地上。

我的姑妈把父亲的查莫罗整理好，他的衣服都要跟他一起走。

太阳已经下山。天空中有几团红云。当红云变黑的时候，我们把棺材放进坑里，开始将泥土填上去。女人们所有的呼喊和哀号都停止了，这样灵魂就不会回头。当坑填满后，我们把泥土压实，然后洗手。当我们回到家时，天已经全黑了。

——里卡多·波萨斯·阿西涅加斯，
《胡安·佩雷斯·乔洛特：一位佐齐尔人的传记》
（*Juan Pérez Jolote: biografía de un tzotzil*）
法文版由雅克·雷米-泽菲尔（Jacques Remy-Zéphir）译，1981 年

资料与文献　173

托尼纳的发掘

位于恰帕斯州的托尼纳海拔高达 900 米，位于玛雅低地的边缘。20 世纪 70 年代，法国研究者在那里进行了几次发掘活动。克劳德·鲍德斯和皮埃尔·贝克兰（Pierre Becquelin）讲述了收获巨大成果的那几天的挖掘情况——他们先后发现了一尊雕像及其基座，一口井及井中物。

这座雕像（下图）是在清理一个小金字塔楼梯脚下堆积的瓦砾时被发现的。这是一个比真人还小的人像，它站在一个长长的方形平台上，底下有一根榫，可塞进基座里。这尊由几块碎片组成的雕像在掉落下来时摔碎了，整个人像趴在地上，头也不见了。人像的脖子周围有一圈凹槽，这些凹槽形成了一个项圈；原先的玉石镶嵌已经消失，证实了石碑被人为破坏的假说。

雕像的后方矗立着一个长方形砖石块，背靠金字塔楼梯的第一级台阶中心。基座有一个垂直的圆柱形凹槽，以容纳雕像的榫，这一点已被证实：雕像重新回到了基座上（下页图）。基座上有一个陆地怪物的泥塑面具，没有下颌骨，嘴唇突出，睫毛覆盖着大眼睛，脸侧挂着的耳饰分为三部分。因此，

图为一尊七零八碎的雕像，趴在地上。下页图中，雕像被移回了基座。

我们可以推断，这尊独占一方的雕塑形象既指代了宇宙的力量，也象征着王国的领土；也因为如此，只有君王才能声称拥有这副形象，我们面前这尊托尼纳国王的雕像便遭到了破坏者的野蛮袭击。

在挖掘过程中，我们发现了一块边长近一米的厚石板，部分嵌在基座下，没入金字塔脚下的泥塑地板中（下页图）。石板覆盖着一口直径 0.5 米、深 1.5 米的圆形砖石井。井里有祭祀者的遗骸，包括人和动物，还有祭祀工具和象征性物品（第 177 页图）。

井里有两个鹌鹑头骨——这些飞禽经常被砍下头来用于祭祀，还有一个猎鹰的头骨与一个年轻美洲豹的头骨相叠。在墨西哥中部，从我们时代的最初几个世纪（特奥蒂瓦坎文明）开始，猛禽和猫科动物的配对便象征着白天和黑夜，与之相对应的是阿兹特克武士精英，他们被称为鹰骑士和美洲豹骑士。然而，这对组合在古典时期的玛雅雕像中很少被描绘出来。在古典时期的玛雅雕像中，白天的太阳被描绘成一种色彩鲜艳的鸟，如金刚鹦鹉或绿咬鹃。由此，托尼纳的猫科动物与猛禽组合的存在，证明这可能受到了墨西哥的影响。

井里还包括 3 名 3 岁以下的儿童遗骸。祭祀儿童虽然不常见，但对古典时期的玛雅人来说并不陌生；对阿兹特克人而言，祭祀儿童特别受到雨神的赏识。

资料与文献　**175**

在雕像的基座前，在陆地怪物的眼皮底下，一块石板（左图）覆盖着一口井（右图）。

祭祀工具，即自祭工具包括两块鳄鱼刺（有锯齿）碎片，其中一块经过修饰，还有三块狭窄、两端尖锐的黑曜石刀片。这些武器被祭祀者用来刺穿自己的肉，造成大量的出血。三个鲨鱼牙齿化石——比现在鲨鱼的牙齿大两倍，不仅像鳄鱼刺一样起源于海洋，而且有倒刺。海菊蛤常常被用作某些物体的容器，这种贝壳在中美洲的祭祀仪式中也很常见，可能是因为它的瓣膜上长长的刺，可被用于穿刺。两个腹足类动物的贝壳，被改造成响牌，我们可以在国王腰带的石碑上看到。铁矿石制成的圆形镜子（直径4厘米），是占卜的工具，有时裹在衣服里。还有抛光的石斧刃。海菊蛤里装着镜子、玉石，还有三颗人类的牙齿，其中一颗是乳牙。

今天，从一些墨西哥民族的祭祀仪式中，我们可以更好地认识和理解前哥伦布时期的遗迹。民族学家观察到的遗迹既包括祭祀动物（通常是家禽），也包括象征性物品；宗教专家按照特定的顺序举行仪式，一边进行祭祀，一

边演讲和祈祷。

　　托尼纳的井对发现祭祀儿童和动物具有重大意义。祭司用黑曜石刀、鳐鱼刺和鲨鱼牙给自己放血；贝壳的使用证实了海洋作为水源的象征意义，是取之不尽、用之不竭的肥沃之源；玉石也发挥了重要作用，可以唤来雨水；镜子和斧头刃的作用则不太明确。

　　这口深井与金字塔的落成典礼，与雕像及其基座密切相关。如果考虑到井深，土地无疑是第一个受益者。然而，如果把这笔宝藏（以及许多其他类似的宝藏）仅仅看作一种贡献，那就是错误的；相反，它是一个复杂仪式的物质见证的集合，由牺牲、残害、操纵、歌唱和演讲组成。

——皮埃尔·贝克兰，克劳德·鲍德斯，
《托尼纳：恰帕斯的一座玛雅城市》（*Tonina, une cité maya du Chiapas*）

相关文献

文献

[1] 克劳德-弗朗索瓦·鲍德斯,《玛雅宗教史》,巴黎,阿尔班·米歇尔出版社,2002年。

Baudez, Claude-François, *Une histoire de la religion des Mayas*, Paris, Albin Michel, 2002.

[2] 克劳德-弗朗索瓦·鲍德斯,《玛雅人》,"文明指南"丛书,巴黎,美文出版社,2004年。

Baudez, Claude-François, *Les Mayas*, coll. «Guide Belles lettres des civilisations», Paris, Belles lettres, 2004.

[3] 迈克尔·D.科,《玛雅人》,巴黎,阿尔芒·科林出版社,1987年。

Coe, Michael D., *Les Mayas*, Paris, Armand Colin, 1987.

[4]《玛雅世界》,巴黎,伽利玛出版社,1995年。

Le Monde Maya, Paris, Guides Gallimard, 1995.

[5] 罗伯特·沙雷尔,《古代玛雅人》,斯坦福,斯坦福大学出版社,第五版,1994年。

Sharer, Robert, *The Ancient Maya*, Stanford, Stanford University Press, 5e éd., 1994.

[6] 雅克·苏斯戴尔,《玛雅人》,巴黎,弗拉马里翁出版社,1982年。

Soustelle, Jacques, *Les Mayas*, Paris, Flammarion, 1982.

发现玛雅

[1] 何塞·阿尔西娜·弗兰奇,《考古学家或古物学家:西班牙美国古代考古学史》,巴塞罗那,撒堡出版社,1995年。

Alcina Franch, José, *Arqueólogos o Anticuarios. Historia antigua de la Arqueología en la América Española*, Barcelona, Éditiones del Serbal, 1995.

[2] 克劳德-弗朗索瓦·鲍德斯,《画家让-弗雷德里克·瓦尔德克:玛雅遗址的第一位探险家》,巴黎,哈赞出版社,1993年。

Baudez, Claude-François, *Jean-Frédéric Waldeck, peintre. Le premier explorateur des ruines mayas*, Paris, Éditions Hazan, 1993.

[3] 伊格纳西奥·贝尔纳尔,《墨西哥考古史》,伦敦和纽约,泰晤士和赫德逊出版社,1980年。

Bernal, Ignacio, *A History of Mexican Archaeology*, London and New York, Thames and Hudson, 1980.

[4] 罗伯特·布伦豪斯,《寻找玛雅人》,阿尔伯克基,新墨西哥大学出版社,1973年。

Brunhouse, Robert, *In Search of the Maya*, Albuquerque, University of New Mexico Press, 1973.

[5] 基思·戴维斯,《德西雷·夏内:远征摄影师》,阿尔伯克基,新墨西哥大学出版社,1981年。

Davis, Keith, *Désiré Charnay, Expeditionary Photographer*, Albuquerque, University of New Mexico Press, 1981.

[6] 约翰·劳埃德·斯蒂芬斯,《玛雅国家冒险之旅:从科潘(1839)到帕伦克(1840)》,巴黎,皮格马利翁出版社,1991—1993年。

Stephens, John Lloyd, *Aventures de Voyage en pays Maya, 1. Copan 1839, 2. Palenque 1840*, Paris, Éditions Pygmalion, 1991-1993.

艺术玛雅

[1] 克劳德-弗朗索瓦·鲍德斯,皮埃尔·贝克兰,《玛雅人》,"形式的宇宙"丛书,巴黎,伽利玛出版社,1984年。

Baudez, Claude-François et Becquelin, Pierre, *Les Mayas*, coll. « L'Univers des formes », Paris, Gallimard, 1984.

[2] 塔提亚娜·普洛斯科里亚科夫,《对古典玛雅雕像的研究》,华盛顿,华盛顿卡内基研究所,1950年。

资料与文献　179

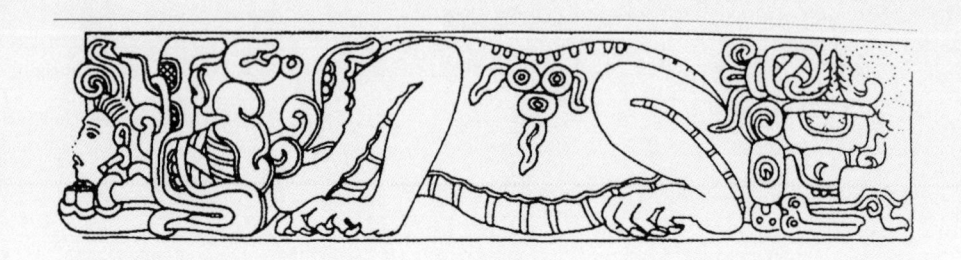

Proskouriakoff, Tatiana, *A Study of Classic Maya Sculpture*, Publication 593, Washington, Carnegie Institution of Washington, 1950.

［3］塔提亚娜·普洛斯科里亚科夫,《古典玛雅建筑集》,诺曼,俄克拉荷马大学出版社,第2版,1963年。

Proskouriakoff, Tatiana, *An Album of Classic Maya Architecture*, Norman, University of Oklahoma Press, 2e éd., 1963.

［4］彼得·施密特,梅赛德斯·德·拉·加尔扎,恩里克·纳尔达编辑,《玛雅》,威尼斯,邦皮亚尼出版社,1998年。

Schmidt, Peter, Mercedes de la Garza, Enrique Nalda, éd., *Maya*, Venice, Bompiani, 1998.

［5］赫伯特·斯宾登,《玛雅艺术研究：主题与历史发展》,哈佛大学,皮博迪博物馆,1913年。

Spinden, Herbert, *A study of Maya Art: Its Subject Matter and Historical Development*, Harvard University, Peabody Museum, 1913.

［6］亨利·斯蒂尔林,《玛雅建筑：危地马拉、洪都拉斯和尤卡坦半岛》,"全球建筑"系列,弗里堡（瑞士）,图书办公室,1964年。

Stierlin, Henri, *Maya: Guatemala, Honduras et Yucatán, in Architecture universelle*, Fribourg (Suisse), Office du Livre, 1964.

玛雅文字

［1］迈克尔·D.科,《破译玛雅之谜》,纽约和伦敦,泰晤士和赫德逊出版社,1992年。

Coe, Michael D., *Breaking the Maya Code*, New York and London, Thames and Hudson, 1992.

［2］大卫·凯利,《破译玛雅手稿》,奥斯汀和伦敦,德克萨斯大学出版社,1976年。
Kelley, David, *Deciphering the Maya Script*, Austin and London, University of Texas Press, 1976.

［3］约翰·埃里克·汤普森,《玛雅图谱》,诺曼,俄克拉荷马大学出版社,第3版,1971年。
Thompson, John Eric, *Maya Hieroglyphic Writing: an Introduction*, Norman, University of Oklahoma Press, 3e éd., 1971.

插图目录

书前页

1	坎佩切显要人物的陶塑。美国华盛顿敦巴顿橡树园图书和收藏馆。
3	工作中的莫兹利。照片。载于《中美洲生物学》(*Biologia Centrali Americana*)中的《考古学》(*Archaeology*)部分，1889—1902年。
4	莫兹利团队在基里瓜营地。同上。
5	科潘主广场上的石碑（编号B、C）。同上。
6、7	帕伦克宫殿西广场和塔楼。同上。
8	帕伦克宫殿东院。同上。
9	帕伦克太阳神庙。同上。
10~11	奇琴伊察的库库尔坎金字塔。同上。
14	胡安·德·格里哈尔瓦登陆塔巴斯科，印第安酋长相迎。18世纪晚期铜版画，仿自A.索利斯作品。马德里美洲博物馆。

第一章

001	克里斯托弗·哥伦布在伊斯帕尼奥拉岛接受夸坎德根（Quacandgan）酋长的礼物。版画，西奥多·德·布里（Théodore de Bry）绘，1594年。
002 上	克里斯托弗·哥伦布肖像。匿名，创作于16世纪。巴黎非洲和大洋洲艺术博物馆。
002~003	征服者在捕鱼，被阿兹特克探子发现。载于迭戈·杜兰（Diego Duran）的《印度志》(*Histuria de Las Indias*)，1579年。马德里国立中央图书馆。
004	埃尔南德斯·德·科尔多瓦肖像。版画。
005	金盘，刻有剜心献祭场景。创作于后古典时期。美国哈佛大学剑桥马萨诸塞州皮博迪考古学与人类学博物馆。
006	国王蒙特祖玛登基日披上礼服。载于迭戈·杜兰的《印度志》，1579年。马德里国立中央图书馆。
008	埃尔南·科尔特斯肖像。匿名。塞维尔私人收藏。
009	古巴总督迭戈·贝拉斯克斯委托科尔特斯指挥探险队发现墨西哥。

	18世纪晚期铜版画，仿自 A. 索利斯作品。马德里美洲博物馆。
010	巴托洛梅·德·奥尔梅多（Bartolomeo de Olmedo）神父随科尔特斯探险队为水手们献上祝福，印第安人面露惊讶之色。同上。
011	迭戈·德·兰达的肖像。版画。
012	阿兹特克人和西班牙人之间的战斗。载于《印度志》。
013	印第安脚夫。同上。
014~015	科尔特斯骑马凯旋。18世纪晚期铜版画，仿自 A. 索利斯作品。马德里美洲博物馆。
015 下	科尔特斯征服墨西哥路线图。墨西哥自然历史博物馆。
017	西班牙士兵与塔巴斯科印第安人早期的一次战斗。铜版画，18世纪末，仿自 A. 索利斯作品。马德里美洲博物馆。
018	南美洲北部、秘鲁和亚马孙河地图。载于《路易斯·拉扎罗地图集》（*Atlas de Luis Lazaro*），1563年。里斯本科学院。
019	在与印第安人的战斗中，佩德罗·阿尔瓦拉多从马上摔下受致命伤。德国版画，16世纪。
021	玛雅主要遗址地图。编辑信息图，鲁昂。
022	帕伦克宫殿庭院风景。瓦尔德克绘，法国国家图书馆。

第二章

023	帕伦克椭圆形石匾。浮雕。同上。
024、025 下	帕伦克雕塑和建筑速写。胡安·B. 米诺（Juan B. Munoz）绘，1786年。巴黎地理学会。
025 上	帕伦克太阳神庙的中央石匾。复原图，琳达·谢尔绘。
026~027	帕伦克宫复原图。石版画，载于迪佩的《墨西哥古迹》，1834年。
029	帕伦克宫 A 殿柱子上的泥塑浮雕。版画，瓦尔德克作，仿自阿尔门达里兹作品。载于安东尼奥·德尔·里奥的《帕伦克附近一处遗址的描述》（*Description of the ruins of an ancien city discovered near Palenque*），1822年。
030 一	帕伦克宫的椭圆形石匾和王座。石版画，卡斯塔涅达绘。载于迪佩的《墨西哥古迹》，1834年。
030 二、三、四	帕伦克宫的圆形花岗石、凹槽石柱头、帕伦克壁柱。同上。
032~033	帕伦克附近一座桥的景色。同上。

资料与文献　　**183**

033 右	奇拉（Chila）的圆形土丘。同上。
034	帕伦克宫 D 殿柱子上的泥塑浮雕的绘图。瓦尔德克认为是德尔·里奥的作品。法国国家图书馆。
035 左	同上述之浮雕的绘画。瓦尔德克绘。同上。
035 右	同上述之浮雕的绘画。石版画。相传为卡斯塔涅达所绘。载于迪佩《墨西哥古迹》，1834 年。
036	加林多的肖像。油画。
037 中	加林多的签名。
037 下	拉斯本塔纳斯。水彩画，加林多绘。巴黎地理学会。
038	危地马拉印第安人。水彩画，加林多绘。巴黎地理学会。
039	瓦尔德克肖像。照片。芝加哥纽贝里图书馆。
040~041	尤卡坦的旅行工具。石版画，瓦尔德克绘。载于瓦尔德克的《尤卡坦省览胜记》，1838 年。
042~043	帕伦克的十字架神庙。油画，瓦尔德克绘。法国国家图书馆。
044~045	帕伦克宫正面。同上。
046~047	帕伦克陶塑小雕像碎片。同上。
048	帕伦克浅浮雕和拉坎顿人侧面像的比较。同上。
049	帕伦克同名神庙中的"美浮雕"。同上。
050	乌斯马尔占卜者神庙正面的复原图的局部细节。同上。
051	帕伦克宫的一座建筑的景色。同上。
052	博隆钦天然水井。石版画，卡瑟伍德绘。载于《中美洲、恰帕斯和尤卡坦半岛的古代遗迹景观》，1844 年。

第三章

053	《中美洲、恰帕斯和尤卡坦半岛的古代遗迹景观》的封面。
054	斯蒂芬斯肖像。版画，卡瑟伍德绘。载于斯蒂芬斯《中美洲、恰帕斯和尤卡坦半岛的古代遗迹景观》，1841 年。
055	乌斯马尔总督府正面。石版画，卡瑟伍德绘。载于《中美洲、恰帕斯和尤卡坦半岛的古代遗迹景观》，1844 年。
056~057	奇琴伊察的库库尔坎金字塔。同上。
058~059	拉勃那拱门。同上。
060~061	斯蒂芬斯和卡瑟伍德在测量图卢姆壁画神庙的面积。同上。

062~063	伊萨马尔的伊扎姆纳（Itzamná）头像。同上。
064	科潘祭坛和石碑（编号D）。同上。
065	科潘石碑（编号F）的背面。同上。
066~067	沙巴切的水井和房屋。同上。
069	《德累斯顿古抄本》摹本。金斯博罗勋爵作。载于《墨西哥古迹》第三卷，1831—1848年。
071	《佩雷斯古抄本》书页。法国国家图书馆。
072	布拉瑟尔神父肖像。
073	《波波尔·乌》封面，布拉瑟尔神父编辑出版。
074	《波波尔·乌》卷首插图。版画。
076~077	《特洛-科尔特斯古抄本》细节图。马德里美洲博物馆。
078	德西雷·夏内在热带雨林。版画。载于夏内的《新世界的古城》，1885年。

第四章

079	19世纪摄影家剪影。
080	乌斯马尔的修女方院。照片，夏内摄。巴黎人类博物馆。
081上	奇琴伊察的库库尔坎金字塔。照片，夏内摄。载于夏内的《美洲的城市和废墟》，1863年。
081中	乌斯马尔的修女方院。同上。
082上	德西雷·夏内的肖像。版画。载《新世界的古城》，1885年。
082下	梅里达的水果贩。同上。
083左	印第安人在吮吸龙舌兰汁。同上。
083右	玛雅人体形图。同上。
084	奇琴伊察的"教会"小神庙。照片，夏内摄。载夏内的《美洲的城市和废墟》，1863年。
085	夏内制作的模型：乌斯马尔总督府正面的天蛇，以及奇琴伊察的祭品背夫。巴黎人类博物馆。
086	莫兹利夫妇骑在骡子上。照片。载于《危地马拉印象》，1899年。
087	科迪勒拉（Cordillère）山道。版画，夏内绘。载于夏内的《新世界的古城》，1885年。
088	在蒂卡尔森林露营。照片。载于《危地马拉印象》，1899年。

资料与文献　185

089	在基里瓜为双头陆地怪物翻模。照片,莫兹利摄。载于《中美洲生物学》中的《考古学》部分,1889—1902年。
090	基里瓜双头陆地怪物模型。同上。
092~093	科潘平面图。石版画。同上。
093 右	奇琴伊察美洲豹神庙壁画。同上。
094	提奥伯特·马勒肖像。照片。
095	帕伦克大宫殿东侧廊。照片,马勒摄。载于《墨西哥古代建筑》(*Monuments anciens du Mexique*),1913年。法国国家图书馆。
096	马勒在乌斯马尔留影。同上。
097	坎卡拉(Chancala)金字塔和神庙的剖面图。马勒作。载于《玛雅建筑》(*Bauten der Maya*),1917年。
098	基里瓜石碑(编号E)。照片,莫兹利摄。载于《中美洲生物学》中的《考古学》部分,1889—1902年。

第五章

099	奇科迪克(Chincultic)石盘。墨西哥国立人类学博物馆。
100~101	帕伦克铭文神庙石匾细节图。版画,瓦尔德克绘。法国国家图书馆。
100 下	迭戈·德·兰达《尤卡坦风物志》手稿摹本。布拉瑟尔神父编辑出版,1864年。
101 中	同上。
101 下	帕伦克的象形文字。阿尔门达里兹绘,瓦尔德克雕刻。载于德尔·里奥的《帕伦克附近一处遗址的描述》,1822年。
103	基里瓜石碑(编号E)。
104	《德累斯顿古抄本》书页摹本。彩色石版画,佛尔斯特曼绘,1880年。
106	关于蛇主题的文体变体。塔提亚娜·普洛斯科里亚科夫绘。载于《玛雅艺术研究》(*A Study of Maya Sculpture*),1950年。
107	亚斯奇兰废墟门楣上的蛇像。莫兹利摄。载于《中美洲生物学》中的《考古学》部分,1889—1902年。
108	基里瓜的兽形祭坛(编号O):死去的国王即将被陆地怪物吞噬。威廉·科(William Coe)绘。载于《报告》第二卷,费城,1983年。
109 左	科潘石碑(编号B)。克劳德·鲍德斯摄。

109 右	科潘石碑（编号 B）。莫兹利绘。载于《中美洲生物学》中的《考古学》部分，1889—1902 年。
110~111	蒂卡尔第二号神庙建造图和竣工图。塔提亚娜·普洛斯科里亚科夫素描，皮埃尔 – 玛丽·瓦拉（Pierre-Marie Valat）着色。
112~113	瓦哈克通金字塔。同上。
114~115	科潘卫城和广场。同上。
116	博南帕克神庙一号房间的南墙细节图。K. 格鲁滕博尔（K. Grootenboer）和 F. 达瓦洛斯（F. Dávalos）复制。美国佛罗里达自然历史博物馆。

第六章

117	帕伦克铭文神庙。照片。
118 左	博南帕克壁画细节图。照片。
118~119	博南帕克第二号房间壁画复制图。A. 特赫达（A. Tejeda）绘。美国哈佛大学皮博迪考古学与人类学博物馆。
121	帕伦克铭文神庙墓室中发现的泥塑头像。墨西哥国立人类学博物馆。
122	帕伦克铭文神庙墓室内的棺盖。梅尔·格林·罗伯逊（Merle Greene Robertson）摄。
124	玉石、贝壳和黑曜石制成的殓葬面具。帕伦克铭文神庙墓室。
125 左	玉雕。同上。
125 右	太阳神玉石面具。同上。
126 左	"牙痛"字形，周围有各种附加符号。
126~127	彩色陶瓶上的武士细节图。古典后期作品。墨西哥比亚埃尔莫萨地区博物馆。
127 右	彩色花瓶。古典后期作品。墨西哥城。
128~129	奇琴伊察市飞机俯瞰图。扬·阿蒂斯 – 贝特兰德（Yann Arthus-Bertrand）摄。
130~131	玛雅社会等级图。水彩画。墨西哥国立人类学博物馆。

资料与文献

132	亚斯奇兰第 24 号废墟门楣上的自祭仪式。原伦敦人类博物馆，现归入大英博物馆。
134 左	来自托尼纳的玉石吊坠。古典后期作品。纽约美国自然历史博物馆。

资料与文献　187

位于奇琴伊察的修女方院正门东面墙细节图。

134 右	雕刻太阳神头像的托尼纳玉牌。古典后期作品。同上。
137	科潘凝灰岩石碑（编号A）。古典后期作品。
140	加林多写给巴黎地理学会的亲笔信。
141	夏内在热带雨林中。版画。载于夏内的《新世界的古城》，1885年。
146	半埋在树根里的"偶像"。石版画。卡瑟伍德绘，载于斯蒂芬斯的《中美洲、恰帕斯及尤卡坦旅途见闻》，1841年。
148 右	字符序图。
149	布拉瑟尔神父的《特洛亚诺古抄本》译文样本。载于莱昂·德·罗尼的《中美洲神秘文字破译论》，1876年。
151	96字符匾。琳达·谢尔绘。
152 上	莱顿石牌（正面）。玉石。荷兰莱顿国立民族学博物馆。
152~153	莱顿石牌。琳达·谢尔绘。
154	莱顿石牌（背面）。荷兰莱顿国立民族学博物馆。
155	莱顿石牌。琳达·谢尔绘。
157	蒂卡尔的第一号神庙和石碑，与北卫城相对望。
160~161	神与灵兽同舟之旅。复制自一块蒂卡尔骨雕。蒂卡尔地方博物馆。
162	蜘蛛猴彩陶碗。古典后期作品。危地马拉波波尔·乌博物馆。
165	雨雷之神查克陶制香炉。玛雅潘出土，后古典后期作品。墨西哥国立人类学博物馆。
166	1882年的拉坎顿人群像。照片，夏内摄。巴黎人类博物馆。
168	穿着节日服装的尤卡坦省印第安妇女。照片。
170	来自沙拉鲁库姆（Tzaralucum）的佐齐尔印第安人。照片。
172 上	来自惠斯坦（Huistan）的佐齐尔印第安人。照片。
172 下	来自齐纳坎坦（Tzotzil）的佐齐尔印第安人。照片。
174~177	托尼纳挖掘场景。鲍德斯摄于1879年。
178	亚斯奇兰第13号废墟门楣细节图：手持长矛和祭品盘的贵族。
179	科潘祭坛细节图。
186	奇琴伊察的修女方院东面墙细节图。

索引

A

阿尔贝托·鲁斯·吕利耶（Alberto Ruz Lhuillier） 121，123～125

阿尔弗雷德·莫兹利（Alfred Maudslay） 086，088～091，093，106，109，121

阿吉拉尔（Aguilar） 004，008

阿文达尼奥神父（Père Avendaño） 017，019，020

阿兹特克（Aztèques） 003，006～008，013～015，019，038，048，068，072，080

阿森松湾（Baie de l'Ascension） 007，021

埃尔南·科尔特斯（Hernan Cortés） 007，008，012～016，019，020，068，075

埃尔南·科尔特斯呈给查理五世的信（Lettres de Hernan Cortès à Charles-Quint） 012

安的列斯群岛（Antilles, îles） 018

安东尼奥·贝尔纳斯科尼（Antonio Bernasconi） 028，030

安东尼奥·德尔·里奥（Antonio Del Río） 028，030，031，035，046，054，100，121

安娜·亨特（Anne Hunter） 093

B

巴托洛梅·德·拉斯·卡萨斯（Frère Bartolomé de Las Casas） 010

伯利兹（Belize） 014，021，131

博南帕克（Bonampak） 021，117，118，120，125，131

《波波尔·乌》（Popol Vuh） 072～074，127

布拉瑟尔神父（L' abbé Brasseur de Bourbourg） 030，044，048，072，073，075，076，101，102

C

查理三世（Charles III） 028

查理四世（Charles IV） 031

查理五世（Charles-Quint） 012，068

传教士（Missionnaires） 010，014，024，068

D

达杜尔塞河（Rio Dulce） 091

"大乌龟"（la Grande Tortue） 089

德尔加多神父（Père Delgado） 016

《德累斯顿古抄本》（Dresdensis Codex） 068～070，076，104，108

德西雷·夏内（Désiré Charnay） 079～086，088～091

蒂霍（Tihoo） 012

蒂卡尔（Tikal） 019，021，090，111，112，125

蒂库尔（Ticul） 094

迭戈·贝拉斯克斯（Diego Velásquez）

007，008
迭戈·德·兰达（Diego de Palacio）
004，011～013，016，038，063，073，075，100～102，108，124
迭戈·德·帕拉西奥（Diego de Landa） 020

F

法国国家图书馆（Bibliothèque nationale） 070，075
方济各会（Franciscains） 011，015，016，063
佛尔斯特曼（Förstemann） 102
富恩萨利达神父（Père Fuensalida） 016
弗朗西斯科·埃尔南德斯·德·科尔多瓦（Francisco Hernández de Córdoba） 004，005，007
弗雷德里克·卡瑟伍德（Frédéric Catherwood） 053，054，057，060，063，064，066～068，080，091，100

G

格雷罗（Guerrero） 004，008
哥斯达黎加（Costa Rica） 054
古巴（Cuba） 005，007，008
古德曼（Goodman） 102
瓜纳哈岛（Île de Guanaja） 001～003

H

哈利斯科（Jalisco） 019
赫伯特·约瑟夫·斯宾登（Herbert Joseph Spinden） 106
何塞·埃斯塔切里亚（José Estachería） 024

何塞·安东尼奥·卡尔德龙（José Antonio Calderón） 024
何塞·佩佩·尚·博尔（José Pepe Chan Bor） 118
亨利·巴拉代尔（Henri Baradère） 036
洪都拉斯（Honduras） 001，007，014，015，020，021，054
胡安·德·格里哈尔瓦（Juan de Grijalva） 001，007
胡安·德·特洛－奥多勒亚诺（Juan de Tro y Ortolano） 075
胡安·加林多（Juán Galindo） 036～038，100
胡安·伊格纳西奥·米罗（Juan Ignacio Miró） 075

J

基里瓜（Quiriguâ） 021，064，089，090，099，103，108，127
基切语（Langue Quiché） 073
吉耶尔莫·迪佩（Guillermo Dupaix） 031～033，036
吉扎兰（Dzilân） 013
贾尔斯·希利（Giles Healey） 117，118
加勒比海（Caraïbes） 006，021，060
加内克（Canek） 015，017
金斯博罗勋爵（Lord Kingsborough） 036，048，068，070

K

卡巴（Kabah） 021，086
卡内基研究所（L' Institution Carnegie）

资料与文献 **191**

093，120

坎佩切（卡乌尔）[Campêche (Cauich)] 017，021

《科尔特斯古抄本》(*Cortesiano Codex*) 075，076

克里斯托弗·哥伦布（Christophe Colomb） 001 ~ 003，020

科马尔卡尔科（Comalcalco） 033

科潘（Copán） 020，021，036，037，064，090，091，093，096，109，115，127

科苏梅尔岛（Cozumel, îles） 004，006，021，060

L

《拉比纳尔的武士》(*Rabinal Achi*) 072

拉勃那（Labna） 059

拉坎顿（Lacandons） 044，117，118

拉坎哈河（Río Lacanhá） 117

拉蒙·奥多内茨（Ramón Ordóñez） 024

莱昂·德·罗尼（Léon de Rosny） 070，075，076，102

里卡多·阿尔门达里兹（Ricardo Almendáriz） 046

历书（Almanachs） 069，070，076，102

两个阿兹特克探子给国王蒙特祖玛的报告（Rapport de deux espions aztèques à leur souverain Montezuma） 003

卢西亚诺·卡斯塔涅达（Luciano Castañeda） 027，031 ~ 033，035，106

《旅途见闻》(*Incidents of Travel*，斯蒂芬斯) 054，067

《埃及、阿拉伯、皮特拉和圣地旅途见闻》(*Incidents of Travel in Egypt, Arabia, Petroea, and the Holy Land*) 054

《希腊、土耳其、俄罗斯和波兰旅途见闻》(*Incidents of Travel in Greece, Turkey, Russia and Poland*) 054

《中美洲、恰帕斯及尤卡坦旅途见闻》(*Incidents of Travel in central America, Chiapas and Yucatán*) 054，064

《尤卡坦旅途见闻》(*Incidents of Travel in Yucatán*) 067

M

马达加斯加（Madagascar） 085

马德里（Madrid） 031，075，077

马丁·德·乌苏亚（Martín de Ursúa） 017，020

马克西米利安皇帝（Empereur Maximilien） 085，091

马尼省（Province de Maní） 010，021

玛雅潘（Mayapan） 012，021，048，129

梅里达（Mérida）012，016，021，080，082，096

美洲豹（Jaguar） 024，044，046，049，063，108，109，112，124

美洲豹神庙（Temple des Jaguars） 093，129

《美洲的城市和废墟》(*Cités et ruines américaines*，夏内) 082

蒙特祖玛（Moctezuma） 003，015，068

米特拉（Mitla） 082，094

《墨西哥的古迹》(*Monuments anciens du Mexique*，布拉瑟尔) 044，048

墨西哥独立战争（Guerre d'indépendance du Mexique） 033
《墨西哥古迹》（Antiquités mexicaines，迪佩） 036
《墨西哥古迹集》（Collection d'antiquités mexicaines，瓦尔德克） 047
《墨西哥古迹与埃及、印度和旧世界其他地区古迹的比较》（Parallèle des anciens monuments mexicains avec ceux de l'Égypte, de l'Inde et du reste de l'Ancien Monde，勒努瓦） 036
《墨西哥和中美洲文明国家史》（Histoire des nations civilisées du Mexique et de l'Amérique Centrale，布拉瑟尔） 073
模子（Moulage） 085，086，089~091

N

纳瓦特（Nahuatl） 072
尼加拉瓜（Nicaragua） 054
女人岛（île des Femmes） 006，007

P

帕卡尔（Pacal） 030，049，123
帕伦克（Palenque） 021，023，024，027，028，030~032，035，037，043，044，046~050，064，075，085，086，094，097，102，106，121，125
帕伦克宫（Le palais de Palenque） 023，027，035，044，086
帕伦克铭文神庙（Temple des Inscriptions de Palenque） 099，117，121
帕伦克太阳神庙（Temple du Soleil de Palenque） 024，025
帕努科河（Rio Panuco） 007
《佩雷斯古抄本》（Peresianus Codex） 072
佩滕（Petén） 014，015，017，019，021，037，080，093，094，129，131
佩滕伊察湖（Lac, de Petén Itzâ） 015，017
皮埃尔·洛里亚尔（Pierre Lorillard） 085
皮博迪博物馆（Peabody Muséum） 094、096
普克（Puuc） 021，059，084，129

Q

《奇马尔波波卡古抄本》（Chimalpopoca Codex） 072
奇琴伊察（Chichén Itzâ） 012，016，020，021，057，080，081，083，085，086，093，129
恰帕斯（Chiapas） 013，014，021，024，080，094，117，131
钱波通（Champotôn） 007，021
前哥伦布时期（Précolombien） 070

R

让-巴蒂斯特·穆尼奥斯（Jean-Baptiste Muñoz） 030
让-弗雷德里克·马克西米利安·德·瓦尔德克（Jean-Frédéric Maximilien de Waldeck） 023，030，031，035，038，039，043，044，046~050，054，066，070，100
人牲（Sacrifices） 016，096，107，118，123，129

S

萨尔瓦多（Salvador） 014，021，054

塞巴尔（Seibal） 106

森波阿拉（Cempoala） 015

沙巴切（Sabachtsche） 066

神庙（Temple） 006，011，020，031，060，076，084，085，097，111，115，117，118，121，129

圣胡安·萨卡特佩克斯（San Juan Sacatepequez） 073

圣丽塔（Santa Rita） 077

石碑（Stèles） 012，013，064，066，091，099，103，105～109，115，118，125～127

十字架神庙（Temple de la Croix） 025，043，048

索利斯神父（Père de Solis） 023，024

《梭罗拉纪年录》（Mémorial de Sololà） 073

T

塔巴斯科（Tabasco） 001，008，015，017，021

塔比（Tabi） 067

塔提亚娜·普洛斯科里亚科夫（Tatiana Proskouriakoff） 106，125

塔亚萨尔（Tayasal） 015，016，021

坦卡赫（Tankah） 077

特奥蒂瓦坎（Teotihuacán） 085

特赫达（Tejeda） 118

特拉洛克（Tlaloc） 074

特拉斯卡拉城邦（La république de Tlaxcala） 015

《特洛亚诺古抄本》（Troano Codex） 075，076

《特洛–科尔特斯古抄本》（Tro-Cortesiano Codex） 076，077

特诺奇蒂特兰（Tenochtitlán） 015

《特万特佩克地峡游记》（Voyage sur l'isthme de Tehuantepec，布拉瑟尔） 073

提奥伯特·马勒（Theobert Maler） 091，094，096，097

图拉（Tula） 057，085

图卢姆（Tulum） 021，077

图卢姆壁画神庙（Temple des Fresques de Tulum） 060

图图尔修（Tutulxiu） 010

托波克斯特岛（Topoxte, îles） 037

托尔特克（Toltèques） 057

托尼纳（Tonina） 021，031，048，064

W

瓦哈卡（Oaxaca） 082

瓦哈克通（Uaxactún） 021，112

危地马拉（Guatemala） 013，019，020，021，024，030，037，046，054，072，073，086，090

韦拉克鲁斯（Veracruz） 008，082

乌尔维塔神父（Père Urbita） 016

乌斯马尔（Uxmal） 012，021，048，054，059，064，067，075，081，083，086，096

乌斯马尔占卜者神庙 [Temple du Devin (Uxmal)] 050

乌苏马辛塔（Usumacinta） 019，021，094

X

西尔韦纳斯·G. 莫利（Sylvanus G. Morley） 120

夏尔·法尔西（Charles Farcy） 036

《向欧洲历史会议提出的两个问题》（Discours sur les deux questions proposées au Congrès historique européen，法尔西） 036

象形文字（Glyphes） 011，038，068，069，091，099，100

新加利西亚（Nouvelle Galice） 019

《新世界的古城》（Anciennes Villes du Nouveau Monde，夏内） 086

修女方院（Quadrilatère des Nonnes） 012，059，080，081

Y

亚克斯哈湖（Lac, yaxha） 037

亚历山大·勒努瓦（Alexandre Lenoir） 036

牙买加（Jamaïque） 003

亚斯奇兰（Yaxchilan） 019，020，021，086

亚特兰蒂斯（Atlantide） 076

伊萨马尔（Izamal） 012，013，021，063，083，086

伊萨瓦尔（Izabal） 091

伊斯帕尼奥拉岛（Hispaniola） 001，005

伊希切尔（Ixchel, déesse） 060

伊西丝（Isis） 076

银版摄影法（Daguerréotype） 080

尤卡坦（Yucatán） 002～004，006～008，010，011，013，016，017，019，021，031，039，050，053，059，067，068，077～080，086，094，129，131

《尤卡坦风物志》（Récit des choses du Yucatán，兰达） 004，011，016，073，101

《尤卡坦省览胜记》（Voyage pittoresque dans la province de Yucatán，瓦尔德克） 039，050，054

《尤卡坦游记》（Un Voyage au Yucatán，夏内） 079，080

雨雷之神查克（le dieu de la Pluie Chac） 016，060

羽蛇神（Quetzalcoatl, le serpent à plumes） 057，106

约翰·戈兹（Johann Götze） 068

约翰·劳埃德·斯蒂芬斯（John Lloyd Stephens） 053，054，060，063，064，066～068，080，081，090，091，093，099，100

Z

中美洲（la Méso-Amérique） 006，013，018，037，038，053，054，066，068，089，090，097

《中美洲、恰帕斯和尤卡坦半岛的古代遗迹景观》（Views of Ancient Monuments in Central America, Chiapas and Yucatan，斯蒂芬斯） 053

爪哇（Java） 085

字符（glyphe-emblème） 031，032，101～103，121，126

自祭（Autosacrifice） 126

资料与文献　195

图片版权

Artephot/Oronoz, Paris 008, 012. Artephot/Trella, Paris 118. Bibl. du musée de l' Homme, Paris 3-11, 011, 072, 073, 074, 078, 082, 083h, 083d, 086, 087, 088, 089, 090, 092-093, 094, 098, 100b, 101m, 106-107, 109. Bibl. nat., Paris 022, 023, 034, 035 g, 040, 042-043, 044-045, 046-047, 048, 049, 050, 051, 071, 081h, 081b, 084, 096, 100-101h, 104. Bulloz, Paris 002. Corbis/ Yann Arthus-Bertrand 128-129. Dagli-Orti, Paris Couverture 14, 009, 010, 013, 014-015b, 017, 018, 052, 055, 056-057, 058-059, 060-061, 062-063, 077, 108h, 121, 127, 130-131. D. R. 1, 005, 054, 095, 097, 106, 108b, 125h, 125b, 126, 127h, 141, 153, 155, 174-177. Explorer/Courau, Paris Couverture 116, 172h, 172b. Explorer/Guillou, Paris 170. Explorer/Lenars 117, 168. Gallimard/ Dagli-Orti, Paris 103, 124, 132, 140, 137, 146, 162, 165, 186. Giraudon, Paris 001, 003, 015, 076, 099. Lauros/Giraudon, Paris 019. Mas, Madrid 007. Musée de l' Homme, Paris 080, 085, 140, 151, 166. Musée local, Tikal 160-161. Newberry Library, Chicago 039. Peabody Museum, Harvard University, Cambridge 110-111, 112-113, 114, 115, 119. Merle Greene Robertson, San Francisco 122. Roger-Viollet, Paris 079. Linda Schele, Austin 025h, 141. Société de Géographie, Paris 004, 024-025, 026-027, 029, 030h, 030m, 032, 033, 035d, 036, 037m, 037b, 038, 053, 064, 065, 067, 069, 101b, 152, 154-155.

致谢

感谢以下人士对我们完成这项工作的帮助：玛丽-弗朗斯·福韦·贝特洛（Marie-France Fauvet Berthelot），巴黎人类博物馆馆长；巴黎人类博物馆图书馆工作人员；阿尔弗雷德·菲耶罗（Alfred Fierro），巴黎地理学会馆长；让-克劳德·勒马尼（Jean-Claude Lemagny），法国国家图书馆版画馆馆长；琳达·谢尔，得克萨斯大学奥斯汀分校艺术史教授；梅尔·格林·罗伯逊（Merle Greene Robertson），旧金山前哥伦布时期艺术研究所所长。

文化篇

《卢浮宫：艺术回忆录》
《乔治·蓬皮杜艺术中心：被误解的博堡年代》
《文字：人类文明的记忆》

历史篇

《玛雅：失落的文明》
《庞贝：被埋没的城市》
《美索不达米亚：文明的诞生》
《印加：太阳的子民》
《阿兹特克：破碎的帝国命运》
《古埃及：被遗忘的文明古国》
《伊特鲁里亚：一个神秘的时代》

科学篇

《爱因斯坦：思想的快乐》
《玛丽·居里：科学的信仰》
《弗洛伊德：疯狂中的真理》
《达尔文：进化的密码》
《伽利略：星星的使者》
《宇宙的命运：大爆炸之后》

文学篇

《普鲁斯特：时间的殿堂》
《波伏瓦：书写的自由》
《托尔斯泰：伟大而孤独的文学巨匠》

艺术篇

《莫扎特：众神所爱》
《罗丹：天才之手》
《贝多芬：音乐的力量》
《毕加索：天才与疯子》
《达达主义：艺术的反抗》